Homolaicus.com

MIKOS TARSIS

PSICOLOGIA GENERALE

Nessuna forza psichica è importante
se non possiede la caratteristica di destare sentimenti.

Sigmund Freud

Nato a Milano nel 1954, laureatosi a Bologna in Filosofia nel 1977,
già docente di storia e filosofia, Mikos Tarsis (alias di Enrico Galavotti)
si è interessato per tutta la vita a due principali argomenti:
Umanesimo Laico e Socialismo Democratico, che ha trattato in homolai-
cus.com
Per contattarlo info@homolaicus.com
Sue pubblicazioni: Amazon.it

Premessa

Fra le varie cose che ho insegnato, vi è anche *Psicologia generale*. Ma mi sono stancato subito. Tutto sommato, infatti, la psicologia è superficiale. Quanto meno per un motivo: tende a isolare il soggetto dal suo ambiente. In questo modo, inevitabilmente, si vengono a creare degli schemi precostituiti di comportamento.

Mia moglie ha sempre detto che senza pedagogia la psicologia non vale nulla. Confermo. Infatti non basta individuare i comportamenti sbagliati: bisogna anche cambiarli e, per farlo, ci vuole la pedagogia, la quale, per funzionare, non ha bisogno di una psicologia particolarmente approfondita.

Anzi psicologia e pedagogia, per poter davvero funzionare, han bisogno di condizioni sociali adeguate a una vita dignitosa. Altrimenti si compiono sforzi che, in ultima istanza, non servono a nulla, proprio perché non sono in grado di garantire alcunché.

Questo poi senza considerare che è sempre molto difficile stabilire quando un comportamento è sbagliato. Sbagliato rispetto a cosa? Una cosa può essere sbagliata rispetto a un'altra quando entrambe hanno le medesime premesse (sociali, culturali...). Se uno vive in una condizione deprivata o marginale, è davvero sbagliato "non rubare"?

La psicologia non è in grado di contestualizzare l'azione e, nel migliore dei casi, si serve della pedagogia per neutralizzare gli effetti dei problemi, non per risolverne le cause.

Certo, è una gran cosa essere capaci di psicopedagogia nelle situazioni più difficili: si ottengono più facilmente dei risultati. Ma bisogna stare attenti a non illudersi che i risultati ottenuti siano davvero quelli più importanti. Noi dobbiamo mettere uomini e donne nelle condizioni di *autogestirsi*. Se psicologia e pedagogia non educano a questo senso della libertà, non servono a nulla.

ASPETTI TEORICI GENERALI

La Psicologia scientifica contemporanea

La fondazione della Psicologia Scientifica Contemporanea (P.S.C.) viene fatta risalire al 1878, allorché Guglielmo Wundt, a Lipsia, istituì un laboratorio di psicologia sperimentale. Egli infatti configurava la psicologia come una "scienza di laboratorio", con specifici problemi e metodi sperimentali, assai diversi da quelli della tradizionale psicologia di derivazione filosofica (connessi generalmente a speculazioni astratte). Il testo che ha fondato scientificamente questa disciplina è *Psicologia fisiologica* (1874). Il primo Congresso Internazionale di Psicologia, in cui si è legittimata la scientificità di questa disciplina, è stato quello di Parigi del 1889.

In Italia, pur essendo stato creato già nel 1889, a Roma, l'Istituto di Antropologia e di Psicologia sperimentale, la psicologia, a causa del neo-idealismo hegeliano di Croce e Gentile, ha avuto serie difficoltà ad affermarsi. In un'inchiesta del 1937 su 42 paesi avanzati, promossa da Piaget, risultò che solo l'Italia non aveva l'insegnamento obbligatorio della psicologia per completare la preparazione dei futuri insegnanti.

La P.S.C. nasce in un periodo storico in cui la crisi della filosofia e lo sviluppo delle scienze erano notevoli (sociologia, biologia, evoluzionismo, ecc.). Wundt collegò strettamente i processi psichici a quelli cerebrali, sostenendo la loro reciproca influenza. Si può in un certo senso dire che la psicologia diventa scientifica quando si mette in rapporto alla fisiologia. La P.S.C. è nata per stabilire il rapporto tra uno stimolo fisico e l'impressione psichica sensoriale che se ne riceve. Questo rapporto può essere verificato non solo sperimentalmente (in laboratorio), ma anche misurato e formulato addirittura matematicamente. G. T. Fechner, ad es., lo fece prima ancora di Wundt. È da notare, peraltro, che i maggiori fondatori della P.S.C. hanno avuto un'istruzione fisiologica e medica.

Questa psicologia viene detta sperimentale perché si avvale del metodo laboratoriale (verifiche, prove, test, simulazioni...). Non a caso nei primi anni nel '900 la statistica entra nella sperimentazione psicologica. Metodologia sperimentale significa che le ipotesi formulate per poter diventare leggi generali, debbono essere verificate e confermate (ad es. facendo un test d'intelligenza in una classe si possono riscontrare differenze di rilievo fra il livello medio intellettivo di un gruppo di studenti rispetto ad un altro; il che induce a formulare delle ipotesi sulle cause del fenomeno: ad es. i contesti di vita diversi).

All'inizio il metodo sperimentale era utilizzabile solo in laboratorio. In seguito, la necessità di studiare gli individui nel loro ambiente naturale e sociale, ha portato gli psicologi a realizzare esperienze che tenessero conto di tutte le variabili ambientali e individuali (ad es. invece di studiare solo l'intelligenza di un bambino, si studia la sua personalità in rapporto alla famiglia, alla scuola, al gruppo di appartenenza, ecc.).

È nato così il *metodo clinico*, le cui caratteristiche fondamentali sono tre:
1. totalità / unitarietà / complessità (e non settorialità);
2. comprensione dell'osservabile (e non solo spiegazione);
3. interesse alla realtà quotidiana (e non solo a quella riprodotta artificialmente in laboratorio). Ciò in quanto vi sono dei fenomeni non riproducibili in laboratorio, dotati di variabili difficilmente controllabili. Molti fatti psicologici non possono essere provocati dallo psicologo né modificati secondo le sue esigenze (si pensi ad es. all'evolversi dei consumi o della moda).

E comunque i due metodi si integrano a vicenda. La sperimentazione si fa con l'osservazione dei fatti più rilevanti, con la formulazione delle ipotesi sulle loro relazioni, con la sperimentazione vera e propria per verificare le ipotesi e con l'elaborazione dei dati per stabilire delle leggi generali.

Definizione

La psicologia è:
1. l'esame scientifico dell'attività psichica individuale e sociale in rapporto all'ambiente in cui essa si manifesta;
2. oggetto di studio quindi sono sia il comportamento o il linguaggio che la personalità (intesa come unità psico-fisica).

Oggetto della P.S.C. sono i processi psichici (sensazioni, percezioni, rappresentazioni, pensiero, sentimento...). La P.S.C. studia anche la formazione delle proprietà psichiche dell'uomo (esigenze, interessi, attitudini, capacità, abitudini, temperamento, carattere, personalità...). Ciò in quanto gli aspetti somato-psichici sono considerati inscindibili.

L'attività psichica è sempre un riflesso della realtà oggettiva (ambientale, cioè naturale e sociale), ma è anche condizione indispensabile dell'azione del soggetto sulla stessa realtà oggettiva. Ovvero, attraverso l'azione psichica l'uomo può trasformare la realtà e, trasformandola, trasforma contemporaneamente se stesso. Ad es. un ragazzo può diventare tossicodipendente se gli amici già lo sono, se la sua famiglia è in crisi, se la scuola o la società non lo soddisfano ("coscienza passiva"), ma anche in presenza di questa "dipendenza" (frutto di un "disagio") egli può acquisire, se aiutato o autonomamente, la consapevolezza di come le cose (il "disagio") possono cambiare e, cominciando a cambiarle, egli può superare col tempo la propria "dipendenza" ("coscienza attiva").

Naturalmente si può parlare di "azione dell'uomo" significativa quando essa è *cosciente*. Al di fuori della riflessione cosciente non può esserci nemmeno l'attività specificamente umana. La presenza della coscienza nell'attività umana è ciò che distingue la psicologia dalla biologia e dalla fisiologia. Si parla quindi di coscienza attiva, che si esprime nelle scienze, nelle tecniche e nelle arti.[1]

In sintesi: compito della P.S.C. è la conoscenza delle leggi dell'attività psichica, dello sviluppo della coscienza dell'uomo, della formazione delle qualità psichiche dell'individuo. Fino al 1870-80 la Psicologia è esistita come un'unica disciplina; in seguito si sono formate le seguenti sezioni: psicologia generale, psicologia dell'infanzia o evolutiva, psicopedagogia, psicologia del lavoro, psicologia dell'arte, psicologia dello sport, psicologia delle anomalie (sordomuti, ecc.), psicopatologia (nevrosi/psicosi), psicologia aeronautica e spaziale, ecc.

Principali orientamenti della psicologia scientifica

Gli Usa sono stati il Paese che per primo "importò" la P.S.C. dalla Germania. William James (1842-1910) incontrò Wundt nel 1875 e quando tornò in patria creò un laboratorio presso l'Università di Harvard. Il testo ch'egli pubblicò nel 1890, *Principi di psicologia*, ebbe notevole risonanza.

James fu il fondatore, in filosofia, del Pragmatismo ("ciò che conta è il risultato pratico"). In psicologia determinò l'indirizzo del **Funzionalismo**: descrivere le funzioni della coscienza nell'intero processo di adattamento dell'individuo alle esigenze della vita pratica. Si ispirava alla teoria evoluzionistica di Darwin, secondo cui la specie si evolve mediante selezione degli individui più adatti.

Cioè la coscienza viene concepita da James come un organo la cui funzione è quella di guidare la complicata struttura del sistema nervoso. La coscienza ha un rapporto "funzionale" col cervello, proprio per poter guidare le azioni dell'individuo (il vero è l'utile). Clamorosa fu la sua teoria secondo cui l'emozione è soltanto la presa di coscienza delle reazioni viscerali e glandolari antecedenti al fatto mentale (ad es. "siamo afflitti perché piangiamo"). Teoria poi contraddetta dalla **Psico-fisiologia**,

---

[1] A ciò - come noto - si oppone la psicanalisi, specie quella freudiana, che attribuisce all'inconscio un valore superiore a quello della coscienza.

la quale evidenziò che in molti malati vi sono risate senza gioia e pianti senza tristezza.

James e altri psicologi americani funzionalisti contribuirono all'esame della vita psichica come un tutto organico, non scomponibile nelle sue singole parti (memoria, intelligenza, ecc.). La vita psichica viene colta nel suo nesso coll'ambiente. Grazie a loro l'uso pratico del metodo dei test ha avuto un grande incremento.

Come si può notare, il Funzionalismo è abbastanza diverso dall'indirizzo Psico-fisiologico inaugurato in Germania da W. Wundt (1832-1920). Questa corrente si serviva degli studi neuro-fisiologici (ad es. era interessata al fatto che la reazione fisiologica dell'emozione venisse attribuita alla regione ipotalamica del cervello). Si serviva cioè degli studi condotti sul sistema nervoso, considerato come semplice organo biologico, a prescindere dal fatto di essere sede di un'attività psichica.

La Psico-fisiologia, studiando le emozioni, la motivazione, la memoria, l'attenzione, la fatica, la motricità ecc., ha cercato di descrivere i contenuti e la struttura della coscienza in rapporto alle funzioni cerebrali, ma non si è preoccupata d'indicare quali devono essere le funzioni della coscienza. Ad es. i soggetti di Wundt ricevevano l'istruzione di osservare i cambiamenti dei loro fenomeni di coscienza durante le variazioni sperimentali dello stimolo. Il limite quindi di questa corrente era quello di considerare in modo settoriale la vita psichica. Tuttavia, la Psico-fisiologia ha avuto il merito di aver rivendicato l'originalità dei fenomeni psichici rispetto a quelli organici (usando il metodo sperimentale), anche se non è riuscita a cogliere la complessità e l'unità della vita psichica.

In Germania, intorno al 1920, sorse un altro importante orientamento: la **Psicologia della forma** (o *Gestalt*, che significa "immagine", "forma globale", "struttura"). Fondatore: Max Wertheimer (1880-1943). Principio fondamentale della *Gestalt* è la globalità dei processi psichici (percezioni, memoria, pensieri...), che si avrebbe non sotto l'influenza di cause esterne, ma in virtù di leggi interiori presenti in tali processi. Ad es. la percezione non è il risultato della somma di tante singole sensazioni, ma un evento immediato che si presenta all'esperienza soggettiva come un tutto inscindibile nelle sue parti.

Ecco un esempio elementare di teoria della totalità o del "campo". A) 9☺ B) ☹: gli occhi sono identici ma variano al variare della bocca. Perché? Perché chi osserva ha un'immagine globale della figura ed osserva le singole parti nella loro interdipendenza. La totalità non è la somma delle parti che contiene (in B solo la bocca è stata modificata), ma è piuttosto la percezione globale che porta a modificare tutte le singole parti (gli occhi di B, pur essendo uguali a quelli di A, sono diversi).

Quindi ogni percezione è percezione di una figura su uno sfondo, che precede l'osservazione di singoli elementi.

La scuola della *Gestalt* tende a sottolineare non solo l'organizzazione sintetica, dinamica e globale del campo percettivo, ma anche il fatto che tale campo viene determinato da *tensioni* interne, prodotte da *bisogni*, che determinano delle *reazioni*. Ad es. per l'affamato il campo percettivo si organizza diversamente rispetto a chi è sazio; così pure vi è differenza percettiva fra un cacciatore e un pittore che si trovano in uno stesso bosco.

La *Gestalt* ha influenzato molta psicologia contemporanea (infantile, psicopatologica, pedagogica, sociale, psicosomatica, dell'intelligenza, ecc.). I principali esponenti di questa scuola, di origine ebraica, emigrarono negli Usa quando Hitler prese il potere. Negli Usa criticarono soprattutto la scuola psicologica fondata da John B. Watson (1878-1958), detta **Behaviorismo** (Comportamentismo).

Watson portò a conseguenze estreme la scoperta dei riflessi condizionati che I. Pavlov (1849-1936) aveva fatto nella ex Urss. La teoria di Pavlov ha determinato l'indirizzo della **riflessologia o Psicologia oggettiva**. Egli partì dal principio che l'attività psichica è attività del cervello determinata dai riflessi. A lui infatti si deve la scienza chiamata Fisiologia dell'attività nervosa superiore. La sua tesi fondamentale è che il riflesso costituisce l'attività principale del sistema nervoso, ovvero che la funzione principale della corteccia cerebrale è quella di formare i nessi temporanei dell'organismo coll'ambiente circostante.

I riflessi - secondo Pavlov - possono essere di due tipi: condizionati e incondizionati. Quelli incondizionati sono reazioni naturali dell'organismo (ad es. la pupilla che si restringe davanti a una luce intensa), oppure sono gli istinti (alimentazione, difesa, orientamento...), che costituiscono, in pratica, un consolidamento ereditario di risposte definitivamente acquisite.

Viceversa, i riflessi condizionati nascono dall'associazione di uno stimolo indotto (luce, suono, calore...) con uno stimolo naturale (ad es. cibo) che provoca un riflesso condizionato (ad es. salivazione). È noto l'esempio fatto col cane. Quando un cane afferra un pezzo di carne, nella sua bocca si ha una forte salivazione (riflesso incondizionato), ma la salivazione può aversi anche alla sola vista del cibo. Pavlov scoprì che se per un certo numero di volte, al momento di dare la carne al cane, si suona ad es. un campanello, gli si può provocare, ad un certo punto, il riflesso della fame (espresso dalla salivazione) col solo suono del campanello, senza mostrargli la carne (il riflesso diventa appunto condizionato da un segnale artificiale).

Pavlov dimostrò anche che se lo stimolo agisce troppo fortemente o troppo a lungo, le cellule della corteccia cerebrale giungono ad uno stato di inibizione e cessano automaticamente di agire. Oppure se nel momento in cui si verifica il riflesso condizionato è presente anche uno stimolo estraneo che inibisce, il riflesso tenderà col tempo a non manifestarsi più. Ad es. se il cane viene abituato a secernere saliva alla vista di un cerchio, senza reagire alla vista di una ellissi, comincerà a dare segni di agitazione quando l'ellissi, avvicinandosi sempre più al cerchio, lo renderà incapace di distinguere le due figure. Col tempo il cerchio, se l'inibizione permane, non determinerà più alcuna salivazione (o eccitazione) ma solo nevrosi.

Pavlov sosteneva che i riflessi condizionati non diventano congeniti, ma restano temporanei. Essi sono acquisibili di continuo, in quanto dipendono dall'ambiente. Servono appunto per aiutare l'organismo ad adattarsi facilmente alle mutevoli condizioni ambientali.

Pavlov sosteneva anche che i riflessi condizionati sono utili se all'uomo viene sempre data la possibilità di scomporre i singoli elementi dell'ambiente e di ricomporli, sulla base di mutate esigenze. Tuttavia, non gli riuscì di dimostrare il modo in cui i processi psichici umani conservano una loro relativa autonomia, pur in presenza di forti condizionamenti esterni. La sua teoria dei riflessi infatti tende a identificare i processi psichici con quelli fisiologici, in quanto considera la coscienza come un mero prodotto del cervello ("i fenomeni della coscienza sono epifenomeni" - diceva). Oggi invece si sostiene che la coscienza è in grado di interagire attivamente con le funzioni del cervello, essendo sempre in grado di formarsi delle rappresentazioni autonome della realtà.

Il **Behaviorismo** di Watson non fece che accentuare i limiti dell'impostazione di Pavlov, applicando la sua teoria agli esseri umani. Egli affermò che la psicologia deve considerarsi come scienza del comportamento, poiché la coscienza è un oggetto di ricerca inconsistente (di qui il rifiuto del metodo introspettivo).

Watson cercò di applicare la teoria di Pavlov a un bambino di 11 mesi, Albert. Albert si impauriva fortemente quando sentiva un forte suono improvviso. Watson si accorse che se nei momenti in cui si faceva un rumore del genere, gli si mostrava anche un topolino, Albert, col tempo, cominciava a provare il senso della paura alla sola vista del topo, senza alcun rumore. Secondo Watson, con questo meccanismo si potevano creare riflessi condizionati di qualunque tipo.

Egli in pratica credeva di aver dimostrato che la condotta dell'uomo non è che l'insieme delle reazioni agli stimoli esterni, e che la coscienza non è in grado di reagire autonomamente a questi stimoli.

L'uomo cioè non è che una macchina biologica: desideri, piaceri, sentimenti... sono momenti supplementari che accompagnano il comportamento, ma non hanno un ruolo causale. Ad es. una persona che si volta in una direzione lo fa - secondo Watson - perché stimolata da qualcosa (a livello visivo, acustico, termico...), non (anche) perché decide di farlo. A Watson non interessava prendere in esame l'attenzione, la memoria, la volontà, l'intelligenza.

Il Behaviorismo dominò la psicologia americana soprattutto negli anni Venti. Le sue tesi fondamentali sono state riprese e sviluppate da B. F. Skinner, considerato il maggior esponente della Psicologia comportamentistica americana.

Un'importante corrente staccatasi dal Behaviorismo è quella **Personalistica** di Gordon W. Allport (1897-1967), considerato il caposcuola della **Psicologia sociale** americana. La quale però va intesa come un aspetto della Psicologia della personalità, cioè come lo studio degli atteggiamenti della singola persona verso gli altri, non tanto come uno studio dei contenuti dell'incontro interpersonale in quanto tale.

Il complesso degli atteggiamenti sociali più studiati da Allport si raccoglie attorno al concetto di *pregiudizio* (etnico, razziale, religioso). Il pregiudizio è interpretato sia come prodotto dell'educazione, sia come bisogno psicologico di conformismo, ovvero come incapacità di accettare la varietà delle personalità altrui, o come forma d'insicurezza che cerca nell'identificazione con un gruppo la propria consistenza, il che comporta l'accettazione dogmatica di un'opinione.

L'opera fondamentale di Allport è *Personalità. Un'interpretazione psicologica* (1937), frutto di vent'anni di ricerche. Allievo di William Stern, ad Amburgo, trasse da questi l'ispirazione a studiare l'uomo sotto il profilo globale della personalità, pur conservando una metodologia decisamente empirica, propria della cultura americana. Allport sostiene che la personalità non è solo un prodotto reattivo alle stimolazioni ambientali (Behaviorismo) o il prodotto dei conflitti tra meccanismi inconsci (istintuali) e meccanismi consci (come vuole la Psicanalisi freudiana), ma è anche e soprattutto il maturarsi di una struttura che, indirizzandosi verso determinati valori o scopi, si rinnova continuamente. La personalità cioè è un essere in divenire, verso la realizzazione di un'intenzione, di un progetto di sé.

Le motivazioni di questa struttura non possono essere comprese rifacendosi semplicemente a delle basi fisiologiche, in quanto esiste un'autonomia funzionale dei motivi superiori, quelli per i quali un soggetto dà uno scopo alla propria vita. La personalità è dunque una struttura complessa (vi sono abitudini e creatività, atteggiamenti definiti e prospettive incerte, ecc.), i cui singoli elementi (memoria, attenzione...) non aiutano, se esaminati separatamente, a comprenderla: essa infatti va colta nella sua unicità e globalità.

Una psicologia particolare è quella **Comparata** dell'etologo Konrad Lorenz (1903-89). Le ricerche condotte sugli animali lo convinsero dell'idea che le grandi "pulsioni" come la fame, la sessualità, la fuga, l'aggressione possono anche cedere il passo a istinti ancora più forti (ad es. nell'oca selvatica l'istinto del gruppo è superiore a quello della fuga davanti al pericolo). La condotta degli animali è sì istintiva ma anche flessibile, in quanto può risultare determinata da motivazioni che si incastrano in un ordine molto variabile.

Ciò significa che nel comportamento animale non vi sono solo istinti ma anche strutture psichiche ereditarie vere e proprie, cioè meccanismi filogenetici programmati che determinano concatenazioni causali rinnovabili (entro certi limiti). Gli animali si servono di informazioni acquisite nel corso dell'evoluzione della specie, attraverso i geni e nel plasma dell'uovo, ma sono anche capaci di rielaborarle, seppure in modo limitato, al fine di sopravvivere meglio in un ambiente soggetto a continui mutamenti. Ogni nuova acquisizione è impossibile senza una struttura innata, ma la nuova acquisizione tende sempre a rinforzare la struttura innata, specializzandola.

Lorenz ha sviluppato notevolmente la teoria dell'*imprinting* (prima impressione), arrivando a dire che in alcune specie animali il primo essere vivente che appare a un animale appena nato, rispondendo approssimativamente a un certo numero di "domande" istintive, viene registrato e fissa l'istinto in un modo che Lorenz considerava irreversibile. Ad es. l'oca selvatica Martina, appena uscita dall'uomo, gli si attaccò al punto da non comportarsi più come un'oca normale; Martina si rifiutava di stare con i suoi simili e Lorenz le calmava l'angoscia facendo la parte di mamma-oca.

Oltre a queste importanti psicologie, vi sono quella **Genetica** di Jean Piaget e quella **Psicanalitica** di Sigmund Freud.

Un altro criterio di classificazione delle varie Psicologie è il seguente:

A) *Psicologia generale* (comprende quella umana e comparata, oggi ulteriormente suddivisa in psicologia "dell'età evolutiva", "dell'età media" e "dell'età senile"). Gli argomenti della Psicologia generale sono: percezione, apprendimento, memoria, linguaggio, pensiero, motivazione, personalità, comportamento sociale, emotività, affettività.

B) *Psicologia differenziale* (comprende settori quali: differenze/somiglianze tra individui di diversa età, sesso, classe sociale, caratteristiche fisiche, ecc.).

C) *Psicologia applicata* (comprende la psicologia scolastica, del lavoro, medica, dei mass-media, ecc.).

La teoria di Piaget
sullo sviluppo mentale del bambino

La più importante teoria sullo sviluppo mentale del bambino, la prima ad averne analizzato sistematicamente, col metodo clinico di esplorazione delle idee, la percezione e la logica, è quella elaborata da Jean Piaget (1896-1980). Egli ha dimostrato sia che la differenza tra il pensiero del bambino e quello dell'adulto è di tipo *qualitativo* (il bambino non è un adulto in miniatura ma un individuo dotato di struttura propria), sia che il concetto di *intelligenza* (capacità cognitiva) è strettamente legato al concetto di "adattamento all'ambiente". L'intelligenza non è che un prolungamento del nostro adattamento biologico all'ambiente. L'uomo non eredita solo delle caratteristiche specifiche del suo sistema nervoso e sensoriale, ma anche una disposizione che gli permette di superare questi limiti biologici imposti dalla natura (ad es. il nostro udito non percepisce gli ultrasuoni, però possiamo farlo con la tecnologia).

Piaget ha scoperto che la conoscenza del bambino si basa sull'interazione pratica del soggetto con l'oggetto, nel senso che il soggetto influisce sull'oggetto e lo trasforma. La sua formazione strutturalistica gli ha permesso di superare i limiti sia della Psicologia gestaltistica e associazionistica, che considera l'oggetto indipendente dalle azioni del soggetto; sia delle moderne Psicologie positivistiche, che vedono nei concetti il prodotto della percezione, escludendo che nella conoscenza sia vitale l'azione del soggetto sull'oggetto.

Piaget distingue due processi che caratterizzano ogni adattamento: *l'assimilazione* e *l'accomodamento*, che si avvicendano durante l'età evolutiva.

Si ha *assimilazione* quando un organismo adopera qualcosa del suo ambiente per un'attività che fa già parte del suo repertorio e che non viene modificata (p.es. un bambino di pochi mesi che afferra un oggetto nuovo per batterlo sul pavimento: siccome le sue azioni di afferrare e battere sono già acquisite, ora per lui è importante sperimentarle col nuovo oggetto). Questo processo predomina nella prima fase di sviluppo.

Nella seconda fase invece prevale l'*accomodamento*, allorché il bambino può svolgere un'osservazione attiva sull'ambiente tentando altresì di dominarlo. Le vecchie risposte si modificano al contatto con eventi ambientali mutevoli (p.es. se il bambino precedente si accorge che l'oggetto da battere per terra è difficile da maneggiare, cercherà di coordinare meglio la presa dell'oggetto). Anche l'imitazione è una forma di accomodamento, poiché il bambino modifica se stesso in relazione agli stimoli dell'ambiente. Un buon adattamento all'ambiente si realizza quando assimilazione e accomodamento sono ben integrati tra loro.

Piaget ha suddiviso lo sviluppo cognitivo del bambino in cinque fasi, caratterizzando ogni periodo sulla base dell'apprendimento di modalità specifiche, ben definite. Ovviamente tali modalità, riferendosi a una "età evolutiva", non sempre sono esclusive di una determinata fase.

A) **Fase senso-motoria**. Dalla nascita ai due anni circa.

È suddivisa in sei stadi.

Riflessi innati: dalla nascita al primo mese. Modalità reattive innate: pianto, suzione, vocalizzo ecc., che il bambino utilizza per comunicare col mondo esterno. L'esercizio frequente di questi riflessi, in risposta a stimoli provenienti dal suo organismo o dall'ambiente, porta all'instaurarsi di "abitudini". Ad es. dopo i primi giorni di vita il neonato trova il capezzolo molto più rapidamente; pur succhiando sempre il dito, lo discrimina dal capezzolo o dal ciuccio, e smette di succhiare il dito se gli viene dato il cibo. Non c'è ancora né imitazione né gioco, però il bambino è stimolato a piangere dal pianto di altri bambini.

Reazioni circolari primarie: dal secondo al quarto mese. Per "reazione circolare" s'intende la ripetizione di un'azione prodotta inizialmente per caso, che il bambino esegue per ritrovarne gli interessanti effetti. Grazie alla ripetizione, l'azione originaria si consolida e diventa uno schema che il bambino è capace di eseguire con facilità anche in altre circostanze. In questo stadio il bambino, che pur ancora non riesce a distinguere tra un "sé" e un "qualcosa al di fuori", cerca di acquisire schemi nuovi: ad es. toccandogli il palmo della mano, reagisce volontariamente chiudendo il pugno, come per afferrare l'oggetto; oppure gira il capo per guardare nella direzione da cui proviene il suono. Particolare importanza ha la coordinazione tra visione e prensione: ad es. prende un giocattolo dopo averlo visto.

Reazioni circolari secondarie: dal quarto all'ottavo mese. Qui il bambino dirige la sua attenzione al mondo esterno, oltre che al proprio corpo. Ora cerca di afferrare, tirare, scuotere, muovere gli oggetti che stimolano la sua mano per vedere che rapporto c'è tra queste azioni e i risultati che derivano sull'ambiente. Ad es. scopre il cordone della campanella attaccata alla culla e la tira per sentire il suono. Ancora non sa perché le sue azioni provocano determinati effetti, ma capisce che i suoi sforzi sono efficaci quando cerca di ricreare taluni eventi piacevoli, visivi o sonori.

Coordinazione mezzi-fini: dall'ottavo al dodicesimo mese. Il bambino comincia a coordinare in sequenza due schemi d'azione (p.es. tirare via un cuscino per prendere un giocattolo sottostante). In tal modo riesce a utilizzare mezzi idonei per il conseguimento di uno scopo specifico. L'intenzionalità si manifesta anche nella comunicazione con gli adulti (ad es. punta il dito verso il biberon per farselo dare). Inizia inoltre a capire che gli oggetti possono essere sottoposti a vari schemi d'azione, come scuotere, spostare, dondolare ecc. Gradualmente si rende conto che gli oggetti sono indipendenti dalla sua attività percettiva o motoria.

Reazioni circolari terziarie (e scoperta di mezzi nuovi mediante sperimentazione attiva): dai 12 ai 18 mesi. Il bambino, nel suo comportamento abituale, ricorre sempre più spesso a modalità diverse per ottenere effetti desiderati. Inizia il "ragionamento". Mentre prima, per eseguire una sequenza di azioni, doveva partire dall'inizio, ora può interrompersi e riprendere l'azione a qualsiasi stadio intermedio. Inoltre egli è in grado di scoprire la soluzione dei suoi problemi, procedendo per "prove ed errori". Quindi esiste per lui la possibilità di modificare gli schemi che già possiede. Ad es. dopo aver tentato, invano, di aprire una scatola contenente degli oggetti, esita per un attimo e poi riesce ad aprirla. Infine può richiamare alla memoria gli oggetti assenti, grazie alle relazioni che intercorrono tra un oggetto e la sua possibilità di utilizzo.

Comparsa della funzione simbolica: dai 18 mesi in poi. Il bambino è in grado di agire sulla realtà col pensiero. Può cioè immaginare gli effetti di azioni che si appresta a compiere, senza doverle mettere in pratica concretamente per osservarne gli effetti. Egli inoltre usa le parole non solo per accompagnare le azioni che sta compiendo (nominare o chiedere un oggetto presente), ma anche per descrivere cose non presenti e raccontare quello che ha visto-fatto qualche tempo prima. Il bambino riconosce oggetti anche se ne vede solo una parte. È in grado di imitare i comportamenti e le azioni di un modello, anche dopo che questo è uscito dal suo campo percettivo. Sa distinguere i vari modelli e sa imitare anche quelli che per lui hanno un'importanza di tipo affettivo (vedi ad es. i giochi simbolici che implicano "fingere di fare qualcosa" o "rappresentare un ruolo").

B) **Fase pre-concettuale**. Va da due a quattro anni.

L'atteggiamento fondamentale del bambino è ancora di tipo egocentrico, in quanto non conosce alternative alla realtà che personalmente sperimenta. Questa visione unilaterale delle cose lo induce a credere che tutti la pensino come lui e che capiscano i suoi desideri-pensieri, senza che sia necessario fare sforzi per farsi capire.

Il linguaggio diventa molto importante, perché il bambino impara ad associare alcune parole ad oggetti o azioni. Con il gioco occupa la maggior parte della giornata, perché per lui tutto è gioco: addirittura ripete in forma di gioco le azioni reali che sperimenta (ad es. per lui è un gioco vestirsi e svestirsi).

Imita, anche se in maniera generica, tutte le persone che gli sono vicine: le idealizza perché sa che si prendono cura di lui. Impara a comportarsi come gli adulti vogliono, prima ancora di aver compreso il concetto di "obbedienza".

Non è in grado di distinguere tra una classe di oggetti e un unico oggetto. Ad es. se durante una passeggiata vede alcune lumache, è portato a credere che si tratti sempre dello stesso animale, non di diversi animali della stessa specie. Gli aspetti qualitativi e quantitativi di un oggetto può percepirli solo in maniera separata, non contemporaneamente.

Non è neppure capace di relazionare i concetti di tempo, spazio, causa. Il suo ragionamento non è né deduttivo (dal generale al particolare), né induttivo (dal particolare al generale), ma transduttivo o analogico (dal particolare al particolare). Ad es. se un insetto gli fa paura perché l'ha molestato, è facile che molti altri insetti che non l'hanno molestato gli facciano ugualmente paura.

C) **Fase del pensiero intuitivo**. Da quattro a sette anni.

Aumenta la partecipazione e la socializzazione nella vita di ogni giorno, in maniera creativa, autonoma, adeguata alle diverse circostanze. Entrando nella scuola materna, il bambino sperimenta l'esistenza di altre autorità diverse dai genitori. Questo lo obbliga a rivedere le conoscenze acquisite nelle fasi precedenti, mediante dei processi cognitivi di generalizzazione: ovvero, le conoscenze possedute, relative ad un'esperienza specifica, vengono trasferite a quelle esperienze che, in qualche modo, possono essere classificate nella stessa categoria.

Tuttavia la sua capacità di riprodurre mentalmente un avvenimento avviene nell'unica direzione in cui l'avvenimento si è verificato. Non è capace di reversibilità. Ad es. mettiamo davanti al bambino due vasi A e B, uguali e trasparenti, e un numero pari di biglie. Chiediamogli di mettere, usando una mano per ogni vaso, una biglia per volta nei due vasi, in modo che siano perfettamente distribuite. Poi si prenderà il vaso B e si verseranno tutte le biglie in un vaso C, di forma e dimensioni diverse da A e B. I bambini di 4-5 anni affermeranno che, nel caso in cui C sia più sottile di A e B, le biglie sono aumentate; diminuite invece, nel caso in cui C è più largo di A e B. Se allo stesso bambino mettiamo di fronte una fila di otto vasetti di fiori e collochiamo un fiore in ogni vasetto, il bambino dirà ovviamente che il numero dei fiori e dei vasetti è lo stesso; se però gli facciamo togliere i fiori per farne un mazzetto, il bambino dirà che i vasetti sono più dei fiori.

Nel primo caso l'errore è dovuto al fatto che egli ha tenuto conto solo del livello raggiunto dalle biglie e non anche della forma del vaso, mentre nel secondo caso il maggior spazio occupato dalla fila dei vasetti ha dominato la sua valutazione. In sostanza ciò che non ha compreso è stata l'invarianza (o conservazione) della quantità al mutare delle condizioni percettive.

Molto importante in questa fase è lo studio psicologico dei disegni infantili.

D) **Fase delle operazioni concrete**. Da 7 a 11 anni.

Il bambino è in grado di coordinare due azioni successive; di prendere coscienza che un'azione resta invariata, anche se ripetuta; di passare da una modalità di pensiero analogico a una di tipo induttivo; di giungere ad uno stesso punto di arrivo partendo da due vie diverse. Non commetterà più gli errori della fase precedente.

Un ingegnoso esperimento di Piaget illustra bene queste nuove capacità. Si mettano davanti al bambino 20 perle di legno, di cui 15 rosse e 5 bianche. Gli si chieda se, volendo fare una collana la più lunga possibile, prenderebbe tutte le perle rosse o tutte quelle di legno. Il bambino, fino a 7 anni, risponderà, quasi sempre, che prenderebbe quelle rosse, anche se gli si fa notare che sia le bianche sia le rosse sono di legno. Solo dopo questa età, essendo giunto al concetto di "tutto" e di "parti", indicherà con sicurezza tutte quelle di legno.

Naturalmente il bambino fino a 11 anni è in grado di svolgere solo operazioni concrete, non essendo ancora capace di ragionare su dati presentati in forma puramente verbale. Ad es. non è in grado di risolvere il seguente quesito, non molto diverso da quello delle perle. "Un ragazzo dice alle sue tre sorelle: In questo mazzo di fiori ce ne sono alcuni gialli. La prima sorella risponde: Allora tutti i tuoi fiori sono gialli. La seconda dice: Una parte dei tuoi fiori è gialla. La terza dice: Nessun fiore è giallo. Chi delle tre ha ragione?".

E) **Fase delle operazioni formali**. Da 11 a 14 anni.

Il pre-adolescente acquisisce la capacità del ragionamento astratto, di tipo ipotetico-deduttivo. Può ora considerare delle ipotesi che possono essere o non essere vere e pensare cosa potrebbe accadere se fossero vere. Il mondo delle idee e delle astrazioni gli permette di realizzare un certo equilibrio fra assimilazione e accomodamento. Egli è in grado di comprendere il valore di certi oggetti e fenomeni, la relatività dei giudizi e dei punti di vista, la parità dei diritti, la distinzione e l'indipendenza relativa tra le idee e la persona, ecc.; è altresì capace di eseguire attività di misurazione, operazioni mentali sui simboli (geometria, matematica...), ecc.

Famoso è l'esperimento del pendolo ideato da Piaget. Al soggetto viene presentato un pendolo costituito da una cordicella con un piccolo solido appeso. Il suo compito è quello di scoprire quale fattore (lunghezza della corda, peso del solido, ampiezza di oscillazione, slancio impresso al peso), che ha la possibilità di variare a suo piacere, determina la frequenza delle oscillazioni. Lavorando su tutte le combinazioni possibili in maniera logica e ordinata, il soggetto arriverà ben presto a capire che la frequenza del pendolo dipende dalla lunghezza della sua cordicella.

Ovviamente il pensiero logico-formale non è ancora quello teorico-scientifico, che non si forma certo nel periodo adolescenziale.

Piaget criticato da Vygotsky

Gli esperimenti condotti da Lev S. Vygotsky condussero lo scienziato russo a risultati opposti a quelli ottenuti da Piaget. Secondo Vygotsky, Piaget è andato a cercare nell'analogia con la logica formale e matematica (contemporanea) la possibilità di dare un fondamento razionale alla psicologia. Egli si sarebbe rivolto alla logica formale perché con essa credeva di poter stabilire definitivamente il concetto di invarianza dell'oggetto, per eliminare così le rappresentazioni illusorie del soggetto. Non a caso la maggior parte delle sue ricerche si riferisce alla ricostruzione delle tappe evolutive del principio di conservazione (o invarianza) della quantità-sostanza-peso-volume degli oggetti. La matematica infatti possiede il più forte apparato di descrizione delle invarianze. Di qui il formalismo di Piaget: il suo pensiero è genetico solo in senso *cronologico* non *ontologico*, è classificatorio-combinatorio-meccanico, non concettuale-dialettico.

Secondo Piaget - dice Vygotsky - il legame che unisce tutte le caratteristiche specifiche della logica infantile è l'*egocentrismo*, che sarebbe una posizione intermedia tra il pensiero autistico e quello controllato (adulto). Il pensiero del bambino sarebbe originariamente *autistico* e solo con la pressione sociale diventerebbe *realistico*: questo perché ciò che interessa al bambino è la soddisfazione di piaceri, in antitesi al principio di realtà. Piaget avrebbe preso da Freud: a) l'idea che il principio del piacere preceda quello di realtà; b) l'idea che il piacere sia una forza vitale indipendente.

Vygotsky invece afferma che lo sforzo per ottenere la soddisfazione di un bisogno e lo sforzo per adattarsi alla realtà non sono separabili né opponibili, altrimenti c'è patologia.

Piaget sostiene che il gioco (immaginazione) è la legge suprema dell'egocentrismo fino a 7-8 anni. Vygotsky invece sostiene che la funzione primaria del linguaggio - nei bambini e negli adulti - è la *comuni-*

cazione. Il primo linguaggio è quello *sociale* (globale e plurifunzionale); in seguito le funzioni si differenziano, cioè si egocentrizzano, permettendo allo sviluppo del pensiero e del linguaggio d'interiorizzarsi. In altre parole, ad una certa età il linguaggio diventa anche egocentrico, ma resta sociale, poiché l'egocentrismo rappresenta soltanto un'interiorizzazione di forme di comportamenti sociali. Nell'adulto c'è il linguaggio *interiore* (linguaggio egocentrico in profondità), che si sviluppa all'inizio dell'età scolare.

Vygotsky poté costatare che di fronte alle difficoltà il coefficiente del linguaggio egocentrico raddoppiava, ma proprio perché con esso il bambino realizzava un processo di presa di coscienza che lo portava, in un modo o nell'altro, a cercare una soluzione al problema.

È noto il suo esempio: mentre un bambino di 5 anni stava disegnando un tram, gli si ruppe la matita. Accortosi ch'era del tutto inservibile, decise di usare gli acquerelli, disegnando un tram rotto dopo un incidente; egli continuava di tanto in tanto a parlare con se stesso circa il cambiamento del suo disegno. In pratica il linguaggio egocentrico fungeva da mediatore fra quello vocale (se vogliamo "autistico") e quello "interiore" (quello che dà "senso" alle cose).

Qual è la differenza, sotto questo aspetto, fra l'adulto e il bambino? Secondo Vygotsky, il linguaggio egocentrico del bambino è stato così interiorizzato dall'adulto che nell'adulto stesso non si manifesta più come tale. Piaget direbbe che non si manifesta più perché è scomparso; in realtà esso è stato solo "interiorizzato".

L'egocentrismo quindi è quella molla che permette di non essere soffocati dal conformismo sociale, per sua natura ripetitivo. Piaget invece pensava che il bambino diventasse adulto nel momento stesso in cui usciva dal piacere egocentrico per entrare nel dovere sociale.

Secondo Vygotsky il pensiero autistico è un risultato del pensiero realistico di Piaget, poiché questi pretende che il pensiero realistico - sganciato da bisogni-interessi-desideri - sia "puro", capace di ricercare la verità per se stessa. Secondo Vygotsky il pensiero realistico di Piaget si trasforma in autistico perché presume di soddisfare con la fantasia i bisogni frustrati della vita (la logica staccata dalla vita porta all'irrazionalismo).

Va considerata superata la tesi che vede il pensiero egocentrico come un legame genetico tra quello autistico e quello logico-controllato. Nelle sue prime pubblicazioni, Piaget spostava addirittura fino all'età di 7-8 anni la presenza del pensiero egocentrico dominato dall'esperienza del gioco.

In Piaget l'apprendimento del bambino avviene utilizzando i risultati dello sviluppo senza modificarlo. Piaget vuole studiare l'apprendimento a prescindere dalle esperienze e conoscenze (cultura) del bambino. Ecco perché egli pone dei quesiti ai quali il bambino non è in grado di rispondere: p.es. "perché il sole non cade?". Piaget vuol costringere il bambino a lavorare su problemi del tutto nuovi, illudendosi di poter studiare le tendenze del suo pensiero in forma pura.

Piaget si è preoccupato di descrivere le operazioni mentali, ma non si è preoccupato di delineare una didattica che modifichi la situazione in cui si svolge l'apprendimento.

Piaget non prende in considerazione i fattori *culturali* che condizionano le risposte del bambino (cioè le acquisizioni anteriori, ovvero l'appartenenza a un gruppo, ceto sociale...). Gli interessa soltanto descrivere le differenze del comportamento mentale del bambino, a seconda delle età, rispetto al comportamento mentale dell'adulto, anche se può essere considerata acquisita la sua ripartizione degli stadi conoscitivi: intelligenza senso-motoria, esperienze concrete, operazioni formali.

La psicanalisi freudiana

Freud prese le mosse dallo studio della medicina neurologica, pensando d'impegnarsi nella ricerca o nell'insegnamento, non nella pratica medica. Ma le difficoltà finanziarie lo costrinsero a prestare servizio presso l'Ospedale Generale di Vienna. L'amicizia col dr. Josef Breuer lo indusse a studiare il fenomeno dell'isteria (caso di Anna O.). La paziente era una ragazza di notevole cultura. La sua malattia era iniziata mentre si dedicava alla cura del padre, gravemente malato, ch'essa adorava. Breuer scoprì che sottoponendola a ipnosi, la paziente rivelava le frustrazioni che in stato di coscienza teneva represse. Il metodo terapeutico la guarì, e Freud, convincendosi dell'esistenza di malattie psichiche prive di una causa organica determinata, decise di adottarlo. In Francia ottenne conferma dal medico Charcot sui grandi effetti che può produrre l'ipnotismo e la suggestione. A Vienna però le sue comunicazioni vennero male accolte.

Nel 1895 Freud e Breuer pubblicano *Studi sull'isteria*. Il trattamento di Anna O., ragazza isterica, rivelò a entrambi che i sintomi scompaiono quando se ne scopre il senso. Era nata la **Psicanalisi**. Prima di Freud, l'isteria veniva considerata la malattia della simulazione. Freud dirà che l'isteria è legata all'attaccamento troppo violento della bambina al padre. L'amore, che si scontra col divieto dell'incesto, viene rimosso nell'inconscio. Non potendo amare il padre, l'isterica non può amare nessuno, poiché tutti gli uomini le richiamano la figura del padre.

Breuer però si staccò da Freud proprio sul problema della eziologia sessuale delle nevrosi. Breuer sosteneva che gli stati patogeni non possono essere risolti, in quanto hanno radici fisiologiche. Freud invece cominciò a collegare lo stato patologico del nevrotico a una nuova teoria della sessualità: la nevrosi veniva considerata come una perturbazione della funzione sessuale, dovuta a motivazioni etiche, religiose, culturali.

Nel contempo s'accorge che l'ipnosi risolve sì taluni sintomi, ma i pazienti tornano da lui con sintomi differenti. Inoltre alcuni pazienti nevrotici non si lasciano ipnotizzare. Freud tende a prediligere la tecnica delle *libere associazioni*. Il paziente, sdraiato sopra un divano, viene incoraggiato a parlare liberamente, esprimendo senza riserve qualunque idea gli venga in mente (anche imbarazzante o futile). L'obiettivo è quello di far affiorare a livello conscio tutti i ricordi-pensieri-immagini rimossi. Freud scopre che molti di questi ricordi hanno un contenuto sessuale, e che molte esperienze infantili sono solo delle fantasie a sfondo sessuale. Per Freud diventa necessario affrontare, prima del contenuto inconscio, la resistenza che si oppone a far conoscere al malato il suo inconscio.

Nel 1897, per meglio comprendere i suoi pazienti, Freud decide di fare l'*autoanalisi*. Egli s'interroga sull'origine dei sentimenti che l'avevano agitato da bambino: scopre di aver avuto una forte aggressività verso suo padre. Collega questo fatto con la tragedia di Sofocle, *Edipo re*, in cui Edipo non può sfuggire al tragico destino di uccidere il padre e di sposare la propria madre. Freud afferma che, all'inizio, il primo oggetto d'amore d'ogni bambino è la madre. Pur amando anche il padre, arriva a desiderarne la morte, per eliminarlo come rivale. Tuttavia, il bambino, temendo d'essere punito con la castrazione dal padre, rinuncia alla madre come primo oggetto di desiderio. In tal modo al complesso di Edipo viene collegata l'origine degli "imperativi morali", cioè l'origine della moralità nello sviluppo della società e l'origine del sentimento di dovere di ogni individuo. Il sentimento di colpevolezza per aver nutrito il desiderio di eliminare il padre avvia il processo di identificazione con lo stesso padre, il cui effetto principale è l'accettazione dei suoi precetti morali (il complesso di Edipo porterà alla formulazione del concetto di Super-io).

Nella bambina il complesso di castrazione non segna la fine del complesso di Edipo ma il suo inizio. Quando scopre la differenza dei sessi, ne prova un profondo rancore e ne incolpa la madre. L'odio verso la madre la spinge verso il padre. Il desiderio di avere un pene si trasforma in desiderio di avere un figlio dal padre. Quando rinuncia a questo desiderio accede alla sessualità adulta.

Se il bambino non rinuncia mai alla madre come primo oggetto di desiderio, può diventare omosessuale o fissarsi alla nevrosi ossessiva. La fissazione della bambina può portare all'isteria o alla frigidità.

Nel corso della propria autoanalisi, Freud si serve anche dell'*Interpretazione dei sogni*. A suo parere, il sogno deve essere compreso come la realizzazione simbolica di desideri rimossi nell'inconscio. Nel sogno infatti i motivi inconsci diventano manifesti, perché i controlli della censura morale diminuiscono. Il sogno è fondamentalmente costituito da una scena infantile modificata mediante il trasferimento su un'esperienza recente. La censura è quell'istanza psichica che ostacola i motivi proibiti, che non possono essere soddisfatti: quando questi motivi entrano nel sogno, sono già stati modificati (poi Freud dirà che la censura dipende dal Super-io).

Per poter interpretare il sogno bisogna distinguere fra contenuto latente e manifesto. Il contenuto manifesto è lo scenario del sogno, come lo racconta chi l'ha fatto, con le sue contraddizioni e lacune. Il contenuto latente è invece il desiderio stesso che è riuscito ad esprimersi simbolicamente nelle immagini del sogno. Solo l'analista è in grado di capire questo secondo contenuto.

Oltre che nei sogni, Freud ha colto indizi di nevrosi (dinamismi inconsci) anche nei piccoli incidenti della vita quotidiana: *lapsus* (errori nel dire una parola per un'altra, storpiature delle parole), *dimenticanze* (provocate dal disgusto legato all'esperienza dimenticata). Si tratta di idee inconsce che cercano di farsi strada verso l'espressione cosciente, modificando il pensiero-la parola-l'azione. È il materiale psichico imperfettamente represso che riemerge perché non è stato privato della capacità di manifestarsi.

Netta è la rottura (1911-13) di Freud con Jung e Adler, che erano suoi seguaci. Jung rifiuta di riconoscere la sessualità infantile e il complesso edipico, ritenendo che i complessi dipendono dagli archetipi che si conservano nell'inconscio collettivo (Dio, p.es., è un archetipo che le generazioni si tramandano). Istinti e archetipi si equivalgono. Per liberarsi degli archetipi l'uomo deve integrarli: di qui la tendenza di Jung al misticismo e persino all'occultismo.

Adler nega qualunque valore alla sessualità e all'inconscio, attribuendo la formazione delle nevrosi all'aspirazione che gli uomini hanno per il potere (pulsione di aggressione), ovvero al desiderio di compensare il senso di inferiorità costituzionale con manifestazioni aggressive. Per liberarsi delle nevrosi occorre accettarsi nei propri limiti.

Intanto la psicanalisi di Freud diventa una teoria sistematica della personalità (1900-1920). In un primo momento Freud aveva distinto le strutture della personalità in tre campi: conscio, preconscio e inconscio, attribuendo a quest'ultimo un ruolo molto più importante ai fini della comprensione delle nevrosi. In seguito egli afferma che le forze alla base della vita psichica sono tre: Es (parte oscura, inconscia della nostra personalità, ove nascono le pulsioni: essa agisce in base al principio di piacere), Super-io (che rappresenta la coscienza morale, frutto del rapporto con gli altri: può anche svolgere una funzione negativa o repressiva), Io (che cerca di mediare fra le pulsioni inconsce e le esigenze della realtà sociale e della coscienza morale).

L'impulso prevalentemente rimosso dal Super-io è, secondo Freud, quello sessuale. Le fasi dello sviluppo psico-sessuale sono caratterizzate dalle zone del corpo da cui procede la soddisfazione sessuale (zone erogene). Le fasi sono cinque:
1. *orale* (la prima attività sessuale è connessa al piacere di succhiare il latte al seno materno per nutrirsi: fino al primo anno);
2. *anale* (la defecazione può esprimere soddisfazione nei confronti

del mondo, come "dono da offrire"; la ritenzione invece esprime ostilità-sfida: fino al terzo anno);

3. *fallica* (qui si sviluppa il complesso di Edipo, in quanto il bambino manifesta un forte attaccamento verso il genitore di sesso opposto: fino al quarto anno);

4. *periodo di latenza* (mentre si attenua la sessualità il bambino fa proprie tutte le norme imposte dai genitori, le quali possono procurare frustrazione-inibizione da adulti: di qui la formazione del Super-io. Questo fino al dodicesimo anno);

5. *genitale* (ricomparsa dell'istinto sessuale, ma ora in presenza di norme morali; l'interesse si sposta verso extra-familiari: è la pubertà).

A partire dal 1920 Freud oppone alle pulsioni di vita (*Eros*) le pulsioni di morte (*Thanatos*), attribuendo all'uomo capacità innate di distruzione (sadismo) e autodistruzione (masochismo). L'Es non solo è sottoposto ai pregiudizi del Super-io, ma contiene anche in sé il principio del "nirvana" (che riduce ogni bisogno e porta alla morte).

Considerazioni critiche

Il merito di Freud sta nell'aver mostrato le forme autoritarie della coscienza religiosa relativamente alla morale sessuale, la quale coscienza, equiparando sessualità a colpa, imponeva, da un lato, il controllo opprimente della popolazione (soprattutto sulla sua parte femminile e giovanile) e, dall'altro, la stretta dipendenza della sessualità dalla riproduzione.

Ma un merito ancora più grande sta nell'aver svelato il dualismo della coscienza cristiano-borghese, che, mentre in pubblico fa mostra di credere in taluni valori religiosi (per lo più pre-borghesi), in privato invece tende a esprimersi secondo un'istintualità priva di valori.

Il "privato" ch'egli analizzò fu prevalentemente quello dei sogni e delle nevrosi. Oggi, a distanza di un secolo, questo "privato" si è certamente "socializzato", anche in conseguenza del fatto che è drasticamente diminuita la presa coercitiva della morale sessuale di tipo religioso. Molto di ciò che fino a ieri era considerato illecito o addirittura vietato, oggi viene tranquillamente ammesso, anche grazie alla contestazione degli anni Sessanta e Settanta, che sicuramente incarnò molte idee freudiane.

Detto questo, non è possibile ignorare i grandi limiti della Psicanalisi freudiana. Uno su tutti: se vogliamo curare la coscienza malata della società borghese, che si esprime anche in forme istintuali sicuramente poco umane, abbiamo anzitutto bisogno di costruire una *nuova mentalità*, una *nuova esperienza di vita*. All'interno della mentalità borghese la mera liberazione delle pulsioni non può che comportare un peggioramento della nevrosi, poiché la percezione dello scarto tra la coscienza "liberata" dalle proprie frustrazioni soggettive (di natura sessuale o meno) e la realtà "alienata" diventa ancora più grande.

Che senso ha infatti poter essere sessualmente più liberi in una società in cui lo sfruttamento economico del lavoro è cosa quotidiana, ampiamente diffusa? Che senso ha legittimare certi istinti quando proprio essi sono indice di un'alienazione che sta a monte, e che riguarda i nostri criteri di esistenza umana e materiale? In effetti, o la libertà sessuale (al pari di tante altre libertà: artistica, culturale, religiosa, politica, sindacale, ecc.) viene usata come stimolo per conseguire l'obiettivo di una libertà più globale, più generale, valida per tutti, oppure essa non sarà che un'altra forma di illusione, una "droga" per disimpegnarsi dal compito di cercare una transizione. La Psicanalisi, da questo punto di vista, non fa che giustificare il sistema borghese, illudendo i soggetti che sia possibile sopportarlo meglio con una maggiore libertà sessuale.

Di qui la necessità non solo di raccordare la liberazione delle pulsioni di vita con la liberazione dai meccanismi di sfruttamento socio-economici del sistema borghese; ma anche di elaborare una diversa concezione del "piacere", non strettamente connesso alla sola sessualità. L'uomo avverte il bisogno di adeguare la realtà a un "piacere universale", vero per tutti, di realizzazione personale e collettiva, che la realtà, così com'è, è lontanissima dal saper soddisfare.

È assolutamente insufficiente credere che i sintomi nevrotici possano scomparire quando se ne scopre il senso, quando cioè il paziente accetta consapevolmente la spiegazione sulla loro origine e, in un certo senso, se ne fa una ragione. La società non ha bisogno di pazienti che si rassegnino a credere in un "male comune". Ciò che è stato rimosso deve essere risolto, con decisione e obiettività. L'uomo deve sì accettarsi coi limiti che lo caratterizzano, ma allo scopo di migliorarsi progressivamente.

L'inconscio non può contenere qualcosa di essenziale di cui non si possa prendere coscienza. Se esiste una struttura del genere, all'uomo non può interessare, in quanto del tutto inutile. L'inconscio ha senso se lo consideriamo come una "porta aperta", che può essere soggetta a stimolazioni positive, cioè a ricevere degli *input* tali per cui le cause di certi sintomi (o comportamenti anomali) possono emergere alla coscienza del soggetto (ed essere da lui risolti).

L'inconscio può conservare aspetti che la coscienza ha rimosso, ma questi aspetti è la stessa coscienza che decide, ogni volta, di tenerli nascosti quando qualcosa (o qualcuno) la stimola a fare il contrario. Le nevrosi, in fondo, possono aumentare d'intensità proprio al cospetto d'una alternativa alla rimozione, anche se l'ottimismo ci deve portare ad affermare il contrario, altrimenti con il pretesto che le nevrosi aumentano si finisce col legittimare l'oppressione crescente del regime. Come quando Stalin sosteneva che l'edificazione del socialismo comportava l'intensificazione della lotta di classe.

L'inconscio può forse essere un'àncora di salvezza per quella coscienza che non sa come recuperare l'identità di sé? Relativamente. Nell'inconscio infatti possono essersi conservati degli elementi positivi che la coscienza ha smarrito: elementi che possono essere stati rimossi a causa di condizionamenti esterni... Ma questi elementi non hanno alcun significato finché la coscienza non li recupera. Nell'inconscio infatti possiamo aver conservato l'innocenza di quando eravamo bambini e che i rapporti borghesi basati sull'interesse e sul profitto ci hanno fatto perdere, ma se la coscienza non cerca di recuperare una *nuova dimensione dell'innocenza*, cioè della giustizia, della verità, dell'onestà, contestando il valore dei rapporti borghesi, quell'innocenza infantile, anche se conservata a livello inconscio, non ci sarà di alcun aiuto. Ecco perché tutte le forme nostalgiche di ritorno all'infanzia, usate per contestare indirettamente la società borghese, sono solo una "fuga dalla realtà", una sorta di contemplazione del passato.

Quando Freud dice che l'inconscio è il luogo delle rappresentazioni rimosse, dà per scontato che le rimozioni siano eventi negativi, in quanto riteneva formali certi valori borghesi. In realtà vi sono anche rimozioni positive, che limitano certi istinti egocentrici, stimolati da questa società borghese per esigenze di profitto. Il soggetto dovrebbe capire che la rimozione di certi istinti serve a tutelare la dignità umana, mentre la loro stimolazione la degrada. Deve convincersi di questo, altrimenti si sentirà un frustrato, un diverso, rispetto alla maggioranza che invece cede agli istinti indotti dal sistema. A tale scopo, naturalmente, occorre che l'alternativa sia praticabile, suggestiva.

Psicologia sociale

L'ambito di studio della **Psicologia sociale** (scienza nata agli inizi del Novecento) è il comportamento dell'individuo in rapporto alla società in cui vive. La Psicologia generale, invece, studia il comportamento dell'individuo in sé. Un qualunque trattato di Psicologia sociale prevede argomenti di questo tipo: l'influenza sociale sui processi cognitivi, la comunicazione sociale, i fenomeni di massa, l'opinione pubblica, il sistema sociale ecc.

Sono due le modalità d'indagine fondamentali:

1. **Sperimentale**: il ricercatore crea in laboratorio una situazione particolare, che simula la realtà, all'interno della quale fa agire un gruppo di soggetti, il cui comportamento si modificherà al variare delle circostanze, secondo un programma prestabilito. Le variabili accidentali che non si vuole interferiscano con la situazione sperimentale particolare, vengono ridotte al minimo. Naturalmente è difficile trovare una netta corrispondenza dei risultati ottenuti con quelli che si possono desumere dalla vita quotidiana.

2. **Non-sperimentale**: si riferisce ai fatti che accadono spontaneamente nella vita quotidiana ("ricerca sul campo"). Si avvale dell'osservazione diretta o della tecnica delle interviste (colloqui, questionari, sondaggi, ecc.). È difficile, in questo caso, utilizzare tecniche di misurazione, perché è quasi impossibile isolare un singolo aspetto dal contesto globale.

Sociometria

Lo studio quantitativo degli aspetti psicologici riguardanti le reazioni sociali si chiama "sociometria". Il primo test sociometrico fu quello ideato dallo psicologo americano J. M. Moreno nel 1953. Esso venne applicato per misurare quantitativamente la struttura e l'organizzazione dei gruppi sociali, soprattutto per analizzare gli indici di preferenza di singoli individui nei confronti di altri individui di un medesimo gruppo. Lo si può ad es. applicare a una classe scolastica, chiedendo ad ogni studente di esprimere la propria preferenza (una o due al massimo) circa la scelta del compagno di banco.

Ma questi test possono anche essere usati per stimare il rendimento degli impiegati di un'azienda (sempre in relazione alla composizione di un gruppo di lavoro), oppure per verificare il morale di un gruppo sportivo o di lavoro. I risultati del test vengono riportati in tabelle o rappresentati graficamente (sociogramma o mappa sociometrica).

Per oggi coppia di soggetti (A e B) sono possibili quattro tipi di relazioni interpersonali:

A sceglie B; B sceglie A (massima attrazione)
A sceglie B; B rifiuta A
A rifiuta B; B sceglie A
A rifiuta B; B rifiuta A (massima repulsione).
Ovviamente A e B possono essere anche reciprocamente indifferenti.

Nell'utilizzare questo test il ricercatore deve fare molta attenzione, poiché i risultati di per sé non aiutano a risolvere gli eventuali problemi del gruppo, anzi possono aggravarli.[2]

Motivazione del comportamento sociale

Le ragioni che spingono gli esseri umani alla vita sociale stanno nella consapevolezza che solo in un contesto sociale si possono realizzare quelle aspirazioni o desideri che la vita individuale di per sé non potrebbe permettere. La tendenza alla realizzazione di mete prefissate viene detta "pulsione".

Le pulsioni che costituiscono la motivazione alla vita sociale sono sette:

1. *Pulsioni naturali*: cioè istintive, come il bisogno di risorse alimentari, di protezione dalle avversità ambientali, ecc. Queste pulsioni possono portare alla vita sociale, ma non stanno di per sé ad indicare una motivazione *volontaria* alla socialità.

2. *Dipendenza*: la pulsione alla dipendenza ha origini nel rapporto di sottomissione dei figli rispetto ai genitori e di premura di quest'ultimi nei riguardi dei figli, soprattutto nei primi anni di vita. C'è dipendenza nei confronti di individui ritenuti, per qualche loro prerogativa, superiori. Questo bisogno decresce dall'infanzia all'adolescenza, ma può riemergere negli adulti in circostanze nuove, imprevedibili o stressanti (malattie, morte di una persona cara, perdita di un bene, frustrazione ecc.). Il comportamento opposto è quello "dominante", che può manifestarsi anche nella stessa persona "dipendente", la quale lo assume nei confronti di persone che ritiene inferiori a sé.

3. *Affiliazione*: s'intende il bisogno di avere rapporti molto amichevoli con i propri simili. I bambini passano gradualmente da un

---

[2] Vedi, in allegato, esempio di sociogramma adattato alle esigenze scolastiche.

comportamento di dipendenza a uno di affiliazione quando scoprono di avere interessi comuni con i coetanei, e sperimentano che stare con loro è altrettanto significativo che stare con i propri genitori, se non di più.

4. *Dominanza*: s'intende il bisogno di potere, di controllo sugli altri individui, per essere p.es. ammirati. Queste persone vogliono imporre le loro opinioni o comunque vogliono influenzare quelle altrui, impegnando tutte le loro forze per raggiungere delle posizioni autorevoli. I bambini che hanno genitori dominanti acquisiscono facilmente questo atteggiamento, che poi mantengono pressoché inalterato. Ma se il genitore è eccessivamente dominante può indurre un forte atteggiamento di dipendenza.

5. *Sessualità*: pulsione paragonabile a quella di affiliazione, ma è diretta verso individui di sesso opposto. Se ne differenzia per lo stato di eccitazione e gratificazione più intensi e di più breve durata. Inoltre la pulsione è limitata al periodo biologico della maturità sessuale. Nelle società animali il comportamento sessuale è vincolato ad esigenze di ordine biologico: ad es. animali di specie diverse o della stessa specie, ma di rango diverso, solitamente non si accoppiano; la prestanza fisica del maschio spesso riveste grande importanza nella scelta del partner; l'accoppiamento avviene solo durante periodi particolari nella vita delle femmine. Nelle società umane la sessualità è determinata da fattori molto più complessi: educazione, ideologie, moralità, abitudini, norme sociali, ecc.

6. *Aggressività*: apparentemente può essere ritenuto un comportamento asociale, in realtà esso è il frutto di un condizionamento sociale specifico. Se nei bambini tale comportamento viene incoraggiato dai genitori, esso perdurerà anche da adulti. Oppure esso può sorgere in quei bambini che hanno ricevuto un'educazione repressiva o che hanno subìto molte punizioni fisiche. Può sorgere anche come reazione ad una situazione frustrante di lunga durata, ma non è obbligatorio, poiché la frustrazione può anche indurre a un comportamento ossequiente, a un atteggiamento collaborativo.

7. *Autostima e identità*: s'intende il bisogno di una valutazione positiva della propria personalità da parte degli altri. L'origine di ciò va ricercata nel fatto che il bambino è portato ad accettare i giudizi dei genitori, sicché da adulto tenderà a ricercare o riprodurre situazioni che lo portino ad acquisire valutazioni analoghe a quelle forniteagli dai genitori.

Legata all'autostima è la pulsione della *coerenza interna*, ossia la definizione di un'immagine di sé coerente con le esperienze già vissute, o comunque legata ad esse. È questo che permette alla persona di ritenersi, nel contempo, uguale e diversa dagli altri. L'individuo deve cercare di fornire un'immagine di sé che sia proponibile a accettabile. Cosa che non avviene quando cerca d'imporla con intransigente fermezza o quando non tiene conto delle proposte altrui.

Vediamo ora le **modalità** analizzate dalla Psicologia sociale.

Gli atteggiamenti. S'intende un modo di porsi, una tendenza a reagire o un comportamento. L'atteggiamento è una costante tipica e rappresentativa dei sentimenti e delle reazioni di un individuo. È possibile individuare nell'atteggiamento tre componenti essenziali: *affettiva, cognitiva, comportamentale*. Nel linguaggio comune si usano come sinonimi di "atteggiamento" le credenze e le opinioni.

Le credenze. Sono costituite dalle informazioni che riceviamo su determinate idee, azioni, oggetti, eventi..., prescindendo dal fatto che tali informazioni abbiano un fondamento di verità o meno. Sono piuttosto "intense" e permanenti, tali da influenzare i più vasti aspetti del comportamento. Dipendono più da fattori sociali che non da esperienze strettamente individuali. Non è documentabile una loro origine biologica (genetica).

Le opinioni. Sono credenze meno persistenti nel tempo. Influenzano in modo meno determinante il comportamento. Interessano un'area di comportamento più limitata. Dipendono in misura relativamente minore dai fattori sociali rispetto alle esperienze strettamente personali. Mentre la credenza è, in genere, molto diffusa e condivisa socialmente, l'opinione è -al limite- un fatto personale, pur avendo origine sociale.

Gli atteggiamenti possono essere *positivi* (a favore di) o *negativi* (a sfavore di): prendiamo il caso di un individuo nei confronti di un partito politico (ch'egli rifiuta). La componente affettiva dell'atteggiamento è costituita dai sentimenti di ostilità (ch'egli ad es. manifesta quando si trova a discutere con un seguace di quel partito, o quando si irrita alla semplice vista di un giornale che sia espressione di quel partito). La componente cognitiva dell'atteggiamento è costituita dai pensieri, convinzioni o idee ch'egli ha nei confronti di quel partito, ed è dettata da ciò ch'egli ritiene e afferma di conoscere molto bene (ad es. per lui i politici di quel partito sono disonesti, arrivisti...). La componente comportamentale dell'atteggiamento è costituita dalle predisposizioni ad agire che l'individuo ha nei confronti di quel partito (ad es. facendo una propaganda negativa o denigrando apertamente quel partito, o leggendo solo articoli di oppositori politici...).

Gli atteggiamenti sono importanti perché viviamo in un mondo che ci stimola di continuo, mediante una vasta gamma d'informazioni, per cui è necessario disporre di un sistema di classificazione delle informazioni che consenta di "ridurre" ad un numero relativamente piccolo di categorie l'infinita varietà di stimoli che riceviamo. Gli atteggiamenti filtrano e selezionano le informazioni nuove, permettendoci inoltre di fare delle analogie tra queste informazioni e quelle già acquisite (ad es. il considerare un'informazione nuova come sostanzialmente identica ad una già posseduta ci facilita l'esistenza. Il vantaggio che ne deriva può essere tale da indurci a considerare identici due eventi che non lo sono affatto).

Mediante gli atteggiamenti possiamo accattivarci la stima-simpatia del prossimo (o la sua antipatia); oppure possiamo cercare di ottenere gli scopi che ci siamo prefissi. Sul piano personale, gli atteggiamenti possono servire da alibi (o difesa) nei conflitti interiori (p.es. quando abbiamo difficoltà ad affermarci in una determinata situazione-prestazione, spesso incolpiamo la società, l'ambiente lavorativo, le compagnie..., allontanando così le nostre responsabilità e allontanando i dubbi sulle nostre capacità).

La misura degli atteggiamenti. Gli psicologi sociali sperimentali hanno ideato dei sistemi di misurazione degli atteggiamenti, mediante degli strumenti chiamati *scale*. Si tratta di metodi piuttosto complessi che si avvalgono delle tecniche statistiche. La *Scala della Distanza Sociale* ideata da Bogardus nel 1925 consisteva nel chiedere alla gente come si comporterebbe in determinate circostanze, proponendo una serie di domande accuratamente definite e standardizzate. Questo metodo è stato p. es. applicato per sondare l'atteggiamento di un campione statistico di individui nei confronti di individui appartenenti a una "razza" diversa (secondo la terminologia dell'epoca).

Gli atteggiamenti sociali schematici. Si riferiscono a un modo semplicistico o superficiale in cui la società è gestita e organizzata. Lo studio di questi atteggiamenti riguarda due temi fondamentali:

1. Il *pregiudizio*. È presente in tutte le società basate sugli antagonismi sociali. Di solito s'instaura nei confronti di altri gruppi etnici o sociali o religiosi, presenti stabilmente o saltuariamente o addirittura non presenti in un determinato contesto geografico (p.es. i cosiddetti "zingari"); oppure, più semplicemente, da parte di un gruppo qualunque, di una classe sociale... verso un altro gruppo o classe sociale. Esso emerge gradualmente a partire dai primi

contatti sociali che ogni individuo sperimenta. È strettamente dipendente dall'educazione ricevuta, dalla fede religiosa, dallo stato socio-economico, dal contesto culturale di appartenenza, dall'ideologia dominante nel proprio ambiente.

Anche il pregiudizio ha un contenuto percettivo, cognitivo, emotivo e comportamentale, ed è persistente nel tempo. È radicato nella personalità e può influenzare un'area più o meno vasta di comportamenti, con intensità anche particolarmente forte (si pensi p.es. alle azioni del Ku Klux Klan). Dipende in misura maggiore da fattori sociali che non da esperienze strettamente individuali. È stato dimostrato che coloro che hanno pregiudizi in un determinato campo, possono manifestarli anche in altri campi (ad es. chi ha pregiudizi nei confronti degli ebrei è facile che ne abbia anche nei confronti di altri gruppi etnici diversi dal proprio).

2. Lo *stereotipo sociale*. Noi riceviamo spesso soltanto informazioni limitate circa la categoria sociale cui appartengono le persone con cui siamo in rapporto. L'idea che ci facciamo di queste persone è quindi legata agli attributi assegnati dalla società alla categoria o classe sociale di appartenenza. L'assegnazione di attributi viene denominata stereotipizzazione. Tali attributi possono essere modelli comportamentali specifici, fattori fisici, oppure legati all'appartenenza a gruppi particolari (ad es. religiosi). Se una persona appartenente a un gruppo viene percepita come avente tutti gli attributi propri di quel gruppo, risulta definita con uno stereotipo. P. es. giudichiamo con uno stereotipo quando pensiamo che tutte le donne nubili di una certa età siano delle zitelle inacidite, piene di manie e poco cordiali.

Spesso gli stereotipi sono coscientemente ritenuti in parte falsi o imprecisi, in quanto rappresentano solo in minima misura le caratteristiche dell'individuo stereotipizzato. Se nel giudicare un individuo si tiene conto degli attributi della categoria di appartenenza ma si riconosce, nel contempo, anche l'esistenza di caratteristiche individuali, lo stereotipo non agisce in misura determinante. Gli stereotipi possono essere costituiti o rappresentati da attributi sia negativi che positivi.

Mutamento dell'atteggiamento. Gli atteggiamenti possono mutare in seguito a nuove esperienze e nuove informazioni. Il mutamento può essere volontario o involontario, temporaneo o permanente, portare a un atteggiamento più favorevole o più sfavorevole o più neutrale. Kelman, con la sua *Teoria dei tre processi* (1961), ha affermato che il mutamento può intervenire in seguito all'intervento di tre differenti processi di interazione sociale: l'*accondiscendenza*, l'*identificazione* e l'*interiorizzazione*.

1. *L'accondiscendenza*. Può portare al mutamento nel caso in cui un individuo si lasci influenzare da un'altra persona a da un gruppo, in quanto così egli pensa di essere meglio approvato-accettato. Tale cambiamento s'instaura solo a livello apparente e solo in presenza di chi esercita un'influenza. Spesso l'accondiscendenza interviene quando la situazione comporta l'erogazione di un premio o di una punizione da parte del soggetto che influenza.

2. *L'identificazione*. Si manifesta nel caso in cui un individuo adotta gli atteggiamenti di un altro individuo o gruppo, in quanto così egli raggiunge un'interazione soddisfacente con chi lo influenza. In questo caso l'individuo influenzato crede effettivamente a questo modo di agire che gli conferisce una certa identità.

3. *L'interiorizzazione*. Si manifesta nel caso in cui un individuo accetta di essere influenzato da un altro individuo o gruppo, in quanto il comportamento a cui è spinto non contrasta sensibilmente col suo sistema di valori, anzi risulta essere coerente con questo.

Va detto tuttavia che ogni individuo spesso oppone una tenace resistenza alla modificazione dell'atteggiamento, sia perché è incapace di ricevere certe nuove informazioni, sia perché il mantenere inalterati gli atteggiamenti già posseduti gli consente di disporre di una difesa nei confronti di stimoli che giudica disturbanti, in quanto questi esigono una revisione della propria immagine di sé o del proprio modo di vedere le cose.

I meccanismi mediante i quali si mantiene inalterato il proprio equilibrio sono tre: *negazione, rafforzamento* e *differenziazione*. P.es. un fumatore accanito, avvisato dello stretto rapporto fumo/cancro, nega che esista un rapporto così stretto di causa/effetto; afferma che fumare procura una soddisfazione superiore al timore dei danni che può provocare (rafforzamento emotivo); considera che se si mette a fumare sigarette leggere, con filtro, solo dopo aver mangiato, ecc. potrà conservare inalterato il comportamento (differenziazione).

I nostri atteggiamenti infine possono cambiare più facilmente e in modo consistente nel caso in cui la comunicazione ci giunga da una fonte d'informazione per noi credibile (il che dipende dal prestigio e dalle garanzie dell'emittente). Oppure nel caso in cui la comunicazione in sé abbia determinate caratteristiche (semplicità o complessità, comprensibilità, emotività, ecc.), è stato dimostrato che è soprattutto la connotazione *emotiva* ad avere un peso determinante circa l'efficacia del messaggio. Infine vanno considerate le caratteristiche della persona che riceve un messaggio (il ricevente): alcuni individui subiscono la pressione dei messaggi che ricevono in misura maggiore rispetto ad altri (ad es. si potrebbe verificare se le persone poco colte sono più influenzabili di quelle istruite, se gli atteggiamenti estremistici subiscono mutamenti meno rilevanti degli atteggiamenti moderati, ecc.).

Il sistema sociale e il concetto di "ruolo". Il "sistema sociale" indica una società costituita da un insieme più o meno numeroso di componenti, ognuno dei quali, essendo in interazione con altri, secondo norme pattuite più o meno definite o vincolanti, svolge (occupa) un determinato ruolo. La società è un sistema in quanto è un insieme integrato di ruoli differenziati. Cioè i componenti di un sistema sociale non svolgono tutti le stesse funzioni, anzi svolgono compiti diversi in diverse situazioni e con competenze specifiche.

Un sistema sociale di solito non è perfettamente omogeneo o simmetrico, nel senso che tra i soggetti che occupano ruoli diversi, spesso vi sono rapporti unilaterali o di dipendenza non reciproca o squilibrata (asimmetrica). Il potere che i diversi individui possiedono in termini di ampiezza e autonomia del campo d'azione, e in termini di capacità di determinare il comportamento altrui, non è distribuito e posseduto in eguale misura, in quanto il sistema sociale che siamo soliti vivere è a struttura gerarchica.

Il termine "ruolo" è appunto una *stima* del potere relativo che un individuo possiede nei confronti degli altri membri del sistema di appartenenza: esso può essere "misurato" ricorrendo a una sua collocazione su una scala di ordinamento gerarchico.

Ogni sistema sociale è definito anche dalle "norme" (modelli pattuiti di comportamento) che regolano le relazioni reciproche tra gli individui. Un sistema sociale può essere descritto come la storia delle norme che regolano le relazioni sociali tra i suoi componenti.

I modelli o le norme di azione sociale hanno anche una valenza *anticipatoria,* nel senso che valgono a definire quanto ogni individuo può aspettarsi dal comportamento altrui. In tal senso si può dire che un ruolo è costituito dall'insieme delle aspettative che il sistema sociale ha elaborato per delineare un ambito di competenza o un campo di azione sociale, escludendo altre competenze che sono attributo di altri ruoli. In sintesi: la normativa sociale ha un valore di *prescrizione* (indica ciò che un individuo può e deve fare) e un valore di *anticipazione* (indica di ciò che gli altri si aspettano da un individuo del sistema).

Il comportamento del gruppo. Per "gruppo" s'intende un insieme organizzato di persone che s'influenzano reciprocamente per uno scopo predefinito (p.es. la famiglia, un gruppo di lavoro o scolastico...). L'esistenza del gruppo è importante sia per il prestigio e il comando da parte di alcuni, sia per l'influenza reciprocamente stimolante che al suo interno si verifica.

Il leader di un gruppo può emergere in seguito alle circostanze più varie: comune a tutti i gruppi è il fatto che la formazione del leader implica la formazione di una gerarchia. Il leader può svolgere ruoli molti diversi: politico, esperto, rappresentante del gruppo per i rapporti con l'esterno, supervisore dei rapporti interni al gruppo, dispensatore di premi e punizioni, mediatore, modello, figura paterna, pianificatore, stratega, consigliere e, quando le cose vanno male, capro espiatorio. L'importanza di queste funzioni varia al variare della natura del gruppo.

Il gruppo non sfugge al pericolo del conformismo, che è la tendenza a lasciarsi influenzare acriticamente dalle pressioni-decisioni normative del gruppo. In particolare si è dimostrato che:

- più sono unanimi i giudizi all'interno del gruppo (specie se il gruppo è molto vasto) e maggiore è il grado di conformismo del singolo individuo;
- il conformismo è tanto più accentuato quanto più gli stimoli sono ambigui e poco chiari;
- il conformismo tende ad aumentare quando gli individui preferiscono accontentarsi di una convergenza su tematiche tradizionali, piuttosto che chiarire la divergenza su nuove tematiche;
- naturalmente ci sono individui che tendono ad essere conformisti al massimo e in qualunque circostanza, mentre altri si dimostrano sempre indipendenti;
- il continuo desiderio di essere anti-conformisti è facilmente segno di una incapacità a socializzare.

I rapporti sociali (siano essi presenti o assenti) determinano, in prima e ultima istanza, la formazione della *personalità* (l'assenza di tali rapporti porta a costruire una personalità disadattata). Essi possono supplire alla carenza di certi rapporti familiari. Obbligano ad esaminare e a tener conto delle prospettive altrui. Favoriscono una più ampia dialettica interiore e quindi favoriscono lo sviluppo dell'intelligenza. Sono il mezzo migliore per raggiungere una più piena autonomia in campo morale, che è il presupposto per compiere scelte mature e responsabili.

Psicologia e linguaggio

Il linguaggio viene indicato come attributo essenzialmente umano. Tutti gli animali comunicano (anche in modi per noi impossibili, senza una particolare strumentazione), ma solo il linguaggio umano può riferirsi a eventi lontani nello spazio e nel tempo, può generare e comprendere espressioni che non erano state utilizzate in precedenza, può combinare nel suo vocabolario - in maniera sempre diversa - un numero di suoni distinti. Il sistema fonatorio dell'uomo (vedi ad es. la laringe) è unico. Naturalmente la comunicazione è possibile in quanto esiste una corrispondenza tra "segno" (parola, gesto...) e "oggetto" designato, determinata da una regola (codice), e vale sia per l'emittente che per il destinatario.

Linguaggio e parola. Nel caso dell'uomo la comunicazione linguistica è anzitutto *verbale* (il suono viene emesso e percepito: canale fonetico-acustico). Ma si utilizza anche il canale *grafico-visivo*. I ciechi però usano il metodo Braille (configurazione spaziale di punti letta col tatto), mentre i sordomuti usano il linguaggio mimico-gestuale (canale motorio-visivo). Un uomo adulto di cultura medio-superiore può usare anche più di 200.000 parole!

Nell'uomo vi è la possibilità di comunicare usando parole che valgono a designare categorie di grado sempre più elevato (mela>frutto>vegetale>naturale>ecologico>vivente). L'uomo cioè può servirsi di parole astratte, che non indicano un oggetto o sue proprietà, ma relazioni tra oggetti o fatti o funzioni logiche. Le parole sono collegate tra loro da regole di grammatica-sintassi. Naturalmente, perché una frase abbia senso, non basta che siano rispettate queste regole (vedi il diario di uno schizofrenico). Anzi, una frase può aver senso anche se non rispetta queste regole (come nei linguaggi cifrati o in codice).

In sintesi: a motivo della capacità *simbolica* (astrattiva) del linguaggio, l'uomo è in grado di padroneggiare una quantità enorme di informazioni con un dispendio minimo di energia, e quindi con un rendimento molto elevato. Sono stati fatti molti tentativi per far parlare gli animali, ma sono tutti falliti. I migliori risultati sono stati ottenuti usando il linguaggio dei sordomuti (vedi lo scimpanzè Washoe, che aveva appreso 294 combinazioni di due o più segni; ad es. "io-uscire, tu-uscire", per indicare l'esigenza di fare una passeggiata con qualcuno).

Proprietà funzionali. Le funzioni più semplici del linguaggio sono quelle che ognuno può facilmente comprendere:
- *espressiva* (come mezzo per segnalare stati d'animo o in-

tenzioni dell'emittente);

- *evocativa* (per influenzare il ricevente: ad es. il pianto del neonato);
- *rappresentativa* (come mezzo di comunicazione del pensiero astratto, per informare su eventi lontani nel tempo e nello spazio);
- *intraindividuale* (per pensare meglio, per controllare meglio il comportamento, per avere un libero scambio d'informazioni).

In sintesi: il linguaggio ha un prevalente valore di *stimolo* e di *risposta*. Ad es.: se faccio una telefonata per avere informazioni, il linguaggio ha proprietà di stimolo; se per inviare informazioni, ha proprietà di risposta (a un precedente stimolo). Il parlare è una risposta verbale a una stimolazione. Da notare che la quantità d'informazione veicolata da una frase non è uniformemente distribuita: ad es. in una frase di 7 parole, ogni parola non contiene 1/7 dell'informazione totale della frase, in quanto vi sono delle parole-chiave che ne contengono di più e altre di meno.

La **Psicolinguistica** ha lavorato molto sulle funzioni che può avere il "significato" delle parole.

Significato estensivo: la capacità di comunicare è relativa alla comunità di appartenenza che ha prodotto quel linguaggio (ad es. gli esquimesi hanno circa 90 parole diverse per indicare altrettanti modi di essere della neve);

Significato intensivo: il livello di comprensibilità di questo significato dipende dal livello di consenso sociale circa il contenuto proprio di una parola. Parole come democrazia, libertà, essere, nulla... sono utilizzate con significati molto diversi tra loro. Ovviamente in una società stabile, con una cultura dominante riconosciuta dalla stragrande maggioranza, il significato intensivo è unitario, condiviso.

Associazione verbale: il significato di una parola può essere stimato rilevando la sequenza di altre parole con cui essa è associata. Nei test di associazione verbale si è verificato che tali associazioni risultano in relazione con la classe sociale di appartenenza dei soggetti o con la professione svolta; che le associazioni dei componenti di una famiglia sono molto simili tra loro; che i figli fanno associazioni più simili a quelle della madre; che i maschi associano in modo più simile al padre rispetto alle femmine; che i bambini associano usando termini con cui potrebbero comporre una frase (ad es. martello > chiodo).

Significato connotativo: una parola è carica di certe risonanze emotive e cognitive che sono relativamente indipendenti dal significato proprio, singolarmente considerato (ad es. la parola senza senso PALM potrebbe indicare un sapone da barba: significato denotativo; ma perché PALM sia venduto sul mercato, occorre che abbia anche un significato connotativo di morbido, profumato, schiumoso, economico, ecc.).

Significato contestuale: il significato di una parola varia a seconda del contesto logico in cui è inserita. Anzi, proprio per il fatto di appartenere a un contesto logico o spazio-temporale, le parole acquistano una significato più definito che non quando sono isolate (si pensi solo alla parola "piove", detta da un agricoltore dopo sei mesi di siccità o da un turista estivo in riva al mare). Nelle comunità si usano messaggi ridondanti per ridurre la fatica di comprendere le informazioni o per comprendere anche le informazioni incomplete o disturbate (gli insegnanti conoscono bene questo tipo di messaggi).

Lo sviluppo del linguaggio. Nell'uomo l'emissione di suoni da parte del sistema fonatorio precede di molto l'organizzazione della fonazione in linguaggio articolato.

- Il pianto della nascita è la prima manifestazione fonatoria: rappresenta lo stato di panico determinato dal repentino e totale cambiamento delle condizioni di vita del feto. In seguito, rappresenta un disagio interno (fame, sonno...), invocazione d'aiuto, reazione di protesta...

- Dalla nascita a 6 mesi il neonato può emettere solo grida, borbottii o vari tipi di pianto. I suoni non sono ancora linguaggio, anche se i fonemi si stanno trasformando in sillabe. Dopo il primo mese può reagire col sorriso quando sente la voce materna. A 3 mesi distingue differenti intonazioni emotive della voce (ira, gioia...) e voci diverse.

- Da 6 a 9 mesi emette un repertorio di suoni che comprende tutta la gamma posseduta dall'uomo. In questa fase tutti i bambini del mondo usano uno stesso linguaggio. Il neonato passa dalla semplice ripetizione di una sillaba (senza che vi sia la comprensione del significato) all'associazione fra la sillaba e ciò ch'essa significa.

- Da 9 mesi a 1 anno la gamma dei suoni si restringe e viene delimitandosi alle intonazioni del proprio ambiente di vita. A 10 mesi comprende le prime parole. La comprensione della parola precede sempre la sua produzione (anche nell'adulto, per lo studio delle lingue).

- Dall'età di 1 anno inizia la capacità di emettere una successione di suoni differenziati, per comporre una parola, che viene a riassumere il valore di una frase (ad es. "pappa" sta per "ho fame" o "non ho più fame"). La parola non è soggetta ad alcuna regola grammaticale.

- All'età di 18 mesi può comporre due parole in una frase, anche se vi sono bambini che iniziano a parlare solo a 2-3 anni (poi recuperano facilmente il tempo perduto).

- A 2 anni compone frasi sempre diverse, con un numero sempre maggiore di parole (circa 270, che diventano circa 1500 a 3 anni e circa 3500 a 6 anni). Inizia ad adottare regole grammaticali e sintattiche.

- All'età di 4 anni ha un lessico ampio, appropriato e organizzato secondo delle regole. Non riesce ancora a comprendere le "eccezioni" della grammatica.

- Dopo i 4 anni compaiono modi di esprimersi del tutto particolari (varianti stilistiche) legati all'ambiente di vita o del tutto personali.

L'origine del linguaggio. La presenza di una naturale predisposizione al linguaggio (il corpo umano è geneticamente predisposto alla comunicazione verbale) è premessa necessaria ma non sufficiente a farlo maturare. La predisposizione dev'essere attivata entro un contesto di comunicazione umana e verbale, altrimenti non si manifesta (vedi ad es. il caso di Victor, che, ritrovato per caso all'età di 12-13 anni in un bosco francese, non imparò mai a parlare. Vi sono anche stati dei bambini che, allevati isolatamente da genitori ciechi, si comportavano come se lo fossero). In definitiva, il linguaggio ha tre basi:

- *biologica* (a livello anatomico-fisiologico),
- *intellettiva* (che porta alla conoscenza),
- *ambientale* (che offre un mondo linguistico già compiuto, tanto che, in questo senso, non siamo noi a parlare ma è il linguaggio che ci fa parlare secondo norme sue proprie).

PSICOLOGIA GENERALE

I recettori sensoriali

I recettori sensoriali sono gli organi di senso (vista, udito, ecc.) in grado di percepire le stimolazioni del mondo esterno e di produrre, come risposta, delle sensazioni psichiche. Le stimolazioni però non sono solo fisiche, cioè prodotte dal mondo esterno (raggio di luce, onda sonora, ecc.), ma sono anche fisiologiche, cioè prodotte dall'interno del corpo (ad es. la sensazione di soffocamento deriva dai polmoni).

Sensibilità periferica e profonda

La sensibilità periferica può essere visiva, uditiva, olfattiva, gustativa e cutanea; quella profonda riguarda gli organi interni (muscoli, tendini, articolazioni, diaframma, ecc.).

La vista e l'udito sono i sensi più importanti. Il tatto completa e corregge la conoscenza degli oggetti. Il senso di posizione-equilibrio garantisce la posizione eretta e impedisce di cadere anche durante il movimento. Il gusto e l'odorato, benché non assolutamente necessari per vivere, ci difendono da certi pericoli e accrescono i piaceri della vita.

È di fondamentale importanza l'educazione e l'igiene dei sensi, poiché essi condizionano l'educazione e l'igiene della mente (ad es. un bambino che in classe vede poco bene e non è consapevole del suo difetto, seguirà le lezioni con scarso profitto, diventerà svogliato o irrequieto se non si interviene con prontezza).

La soglia sensoriale

Perché uno stimolo venga avvertito, deve avere un'intensità per lo meno uguale al limite minimo della nostra sensibilità. Molti stimoli si fermano al di là del margine di campo della coscienza (vedi ad es. gli ultrasuoni, ma uno stimolo per noi perfettamente captabile, ci può restare fuori della soglia solo perché siamo sopra-pensiero).

L'estensione della soglia sensoriale varia non solo da soggetto a soggetto, ma anche all'interno di uno stesso individuo, poiché dipende dall'attenzione, dall'attitudine (ad es. un musicista è più sensibile al suono di un ragazzo in discoteca), dall'esercizio (l'abitudine rende il senso più ricettivo), dal tono affettivo (cioè dalla nostra partecipazione emotiva).

La soglia dunque è il limite in cui appare o scompare una sensazione: essa determina la quantità minima di eccitazione necessaria perché lo stimolo divenga cosciente. Ma a questa soglia "assoluta" bisogna aggiungere quella "differenziale" (ad es. se a un soggetto con gli occhi bendati poniamo sul palmo della mano un peso di 15 gr., aumentandolo di un gr. alla volta, solo verso i 20 gr. egli noterà la differenza). Questo perché, in condizioni normali, aumentando gradatamente l'intensità dello stimolo, l'intensità della sensazione aumenta con maggiore lentezza (legge di Weber).

Sensibilità visiva

Le sensazioni visive si distinguono in *cromatiche* (cioè di luminosità colorata) e *acromatiche* (cioè di luminosità bianca). Quanto più un colore si avvicina al bianco, tanto più ci appare luminoso (la gamma della chiarezza va dal bianco al nero). Un raggio solare (luce bianca) allo spettro contiene i seguenti colori: violetto, indaco, blu, verde, giallo, arancione e rosso.

La *cromopsicologia* ha dimostrato che esiste un potere psicologico dei colori: il rosso è dinamico, attivo, stimolante; il giallo è eccitante e stimola il lavoro mentale; l'arancione riunisce gli effetti di rosso e giallo ma in modo attenuato; blu-verde-violetto sono più distensivi e invitano alla contemplazione.

La pubblicità, la vetrinistica e la cartellonistica, che manovrano la miscela dei colori per richiamare l'attenzione dell'utente, evitano di mettere insieme colori complementari (ad es. verde + rosso, blu + giallo, giallo + indaco, ecc.), in quanto si otterrebbe una luce neutra che è fonte di disagio. Si tende sempre a preferire il *fenomeno di contrasto*, che si verifica allorché i due colori accostati non si mescolano ma appaiono simultaneamente.

- Il *contrasto cromatico* sorge quando, ponendo vicini due colori, ci sembreranno diversi per il loro reciproco influsso (ad es. un disco di carta bianca su uno sfondo rosso ci appare verdastro, perché il rosso è complementare al verde).
- Il *contrasto acromatico* consiste invece nelle differenze di chiarezza tra il bianco e il nero, e viceversa (ad es. un colore bianco sembrerà più chiaro su uno sfondo nero, più scuro su uno sfondo chiaro).
- Infine il *contrasto consecutivo*, dovuto al fenomeno di permanenza delle immagini sulla retina (ad es. se fissiamo per un certo tempo uno sfondo rosso vivo e poi uno bianco, questo ci sembrerà verdastro). Si pensa che siano al-

meno 350.000 le variazioni di colore che l'occhio umano
può distinguere.

Un altro fenomeno visivo da considerare è quello dell'*adattamento* (ad es. se passiamo dalla luce al buio occorrono non meno di 20
secondi per raggiungere l'adattamento completo; se invece dal buio alla
luce ne occorrono circa 3).

Sensibilità uditiva

L'udito è in grado di distinguere sia i *suoni*, prodotti da onde sonore che si susseguono con una certa regolarità, sia i *rumori*, prodotti da
vibrazioni irregolari che interferiscono variamente.

L'orecchio umano può avvertire suoni compresi tra 16 e 16.000
vibrazioni per secondo. L'intensità ci dice se il suono è forte o debole; il
tono se è acuto o grave; il timbro è costituito dalla somma di intensità e
tono.

Sensibilità olfattiva

È data dalla capacità della mucosa nasale di percepire a distanza
le particelle che provengono da sostanze odorose. Le sensazioni olfattive
si distinguono in: odori acuti (ad es. l'acido acetico), odori brucianti (ad
es. l'ammoniaca), odori penetranti (ad es. acido cloridrico). Gli odori
sgradevoli (fumo, gas, smog...) producono riflessi respiratori gastrici e
nervosi nocivi all'organismo.

Gli animali osmatici (ad es. il cane) riescono a distinguere anche
gli odori individuali.

Sensibilità gustativa

Il gusto è un senso a contatto (cellule sensibili della lingua), dotato delle seguenti qualità: dolce, amaro, acido e salato.

Il gusto non è stabile ma varia con l'età: nel bambino è sensibile
tutta la lingua, nell'adulto la sensibilità per l'uno o l'altro sapore si distri-
buisce in determinate zone (per il dolce è nella punta, per l'amaro alla base, per l'acido e il salato nelle zone laterali).

Tale sensibilità può essere unita a sensazioni termiche (ad es.
freddo-caldo), visive (aumento della secrezione salivare alla vista del cibo), tattili (contatto e pressione) e olfattive (ad es. il raffreddore attenua il
gusto).

Sensibilità cutanea

La pelle dispone di un senso *tattile* (contatto/pressione), *termico* (caldo/freddo) e *dolorifico*.

Gli organi specifici delle sensazioni tattili sono circa mezzo milione, sparsi non in modo uniforme su tutta la superficie della pelle (ad es. il palmo della mano è più sensibile del dorso).

I punti di caldo sono circa 30.000 (1 o 2 per cmq), i punti di freddo sono circa 300.000 (12 o 13 per cmq).

Anche qui vige il fenomeno dell'adattamento (ad es. passando da una temperatura di 12 gradi a una 15 gradi abbiamo una sensazione di caldo, ma se passiamo da 40 gradi a 37 gradi ne abbiamo una di freddo). Questo perché i nostri sensi ci danno delle indicazioni relative allo stato momentaneo dei nostri organi di senso.

Sensibilità organica o profonda

Le sensazioni profonde non hanno un valore conoscitivo come quelle periferiche, ma hanno un grande valore per l'emotività, poiché sono sempre accompagnate da sentimenti di piacere-dolore (questo inteso come tono affettivo).

A questa sensibilità appartengono sensazioni di movimento, posizione, tensione, sforzo, fatica, sete, appetito, sazietà, nausea, soffocamento, brivido, sollievo, ecc. Spesso sono associate tra loro, oppure connesse con le sensazioni periferiche. Esse dipendono anche dalla personalità del soggetto e ci tengono informati sulle condizioni sia degli organi di senso viscerali (che ci indicano il benessere o il malessere generale del nostro organismo), sia degli organi di senso muscolari (muscoli, articolazioni, tendini, ossa: il che ci dà il senso del movimento o cinestesi).

Altre sensazioni sono quelle *statiche* o di equilibrio, in cui intervengono quelle tattili dei piedi e quelle labirintiche collegate con i canali semicircolari dell'orecchio.

Infine vi è la sensibilità *stereognostica* che ci permette di distinguere la forma, il rilievo e la durezza degli oggetti: esse presuppongono l'intervento della memoria e si servono dei sensi tattili, termici e muscolari.

La percezione

Sensazione e percezione

L'esperienza *sensoriale* (visiva, uditiva ecc.) è data dalla reazione agli stimoli interni ed esterni (fisici e fisiologici) recepiti dagli organi di senso.

L'esperienza *percettiva* è data dall'elaborazione soggettiva (sulla base di interessi, abitudini, ecc.) dei dati offerti dagli organi di senso. Tale elaborazione acquista la sua validità oggettiva se trova conferme nelle sperimentazioni scientifiche.

Facciamo un es.: con l'esperienza A) possiamo apprendere, mangiandoli, che certi funghi sono velenosi e altri no; con l'esperienza B), sulla base di A), possiamo operare, già al momento della raccolta, una selezione.

Le sensazioni, perché si trasformino in percezioni, devono essere integrate con dati mnemonici di passate esperienze (ad es. il dolore per aver mangiato funghi velenosi), sulla base di interessi predominanti (ad es. voler continuare a mangiare funghi), in vista di un'azione da compiere (ad es. una raccolta sicura di funghi mangerecci).

Tuttavia, siccome è impossibile distinguere il momento esatto in cui si vivono le esperienze A) e B), in quanto il soggetto, nel mentre "sente", può servirsi delle "percezioni altrui" (per cui, ad es., non ha bisogno di "provare" personalmente quali funghi sono velenosi e quali no), la psicologica contemporanea tende a parlare soltanto di percezioni, inglobando in queste anche le sensazioni.

L'altro motivo per cui essa parla soltanto di percezioni è che, siccome s'intende per soggetto, generalmente, un individuo consapevole di sé, si dà per scontato che in lui vi siano esperienze psichiche già in grado di influenzare le sue sensazioni (per cui, ad es., se si cercano funghi mangerecci è perché già si sa che sono gustosi).

Percezione dello spazio

La nostra percezione dello spazio è tridimensionale (lunghezza, altezza e profondità). Essa è dovuta allo schema rappresentativo esatto che ci siamo fatti dello spazio occupato dalla nostra persona: questo spazio è il punto costante di riferimento tra noi e gli oggetti circostanti.

Un oggetto viene percepito nello spazio in quanto ha una posizione nell'ambiente, ed è orientato verso una direzione rispetto a noi e rispetto ad altri oggetti (destra / sinistra, avanti / indietro, alto / basso). L'oggetto cioè si trova ad una certa distanza e ha una certa forma (inoltre può avere un certo movimento, colore ecc.). Percepire lo spazio significa dunque percepire i caratteri geometrici delle cose.

Tuttavia, gli stimoli luminosi producono sulla retina delle immagini bidimensionali, per cui ci si chiede: la percezione tridimensionale dello spazio è una disposizione innata o l'acquisizione di un'esperienza?

Nel tentativo di risolvere il problema (che per certi aspetti resta ancora aperto) si è detto che lo stimolo offerto dalla percezione dell'oggetto presenterebbe delle caratteristiche che ci consentono di collocarlo alla distanza appropriata, sulla base della nostra passata esperienza. Qui si possono offrire alcuni esempi a sostegno di questa tesi.

Grandezza familiare: la grandezza di un oggetto, che appartiene ad una classe di oggetti che ci sono familiari, fornisce, sulla base dell'esperienza passata, un indice della sua distanza (ad es., se vediamo da lontano un'auto, la percepiamo non come un'auto in miniatura o più piccola del normale, ma come un'auto normale "a distanza").

Interposizione: se l'immagine di un oggetto copre parzialmente l'immagine di un altro oggetto, il primo viene percepito come più vicino del secondo.

Prospettiva lineare: l'esperienza ci fa percepire come più distanti gli oggetti il cui angolo visivo è più piccolo (ad es. in un viale gli ultimi alberi rispetto ai primi).

Prospettiva aerea: un oggetto, la cui superficie non viene percepita con precisione di dettagli, viene collocato a una distanza maggiore.

Luce, ombra e colore: una diversa intensità luminosa degli oggetti ci fornisce degli indici di distanza.

Percezione del tempo

L'unico tempo che riusciamo realmente a percepire è il presente. Il passato - affidato alla memoria - e il futuro - affidato all'immaginazione -, sono rappresentazioni derivate per analogia e sempre in connessione col presente (ad es. è impossibile immaginarsi un futuro completamente diverso dal presente, così come è impossibile raffigurarsi il passato in maniera fedele).

La percezione del tempo varia a seconda dell'età e dell'esperienza. Ad es. nel sesto anno di vita il bambino è in grado di distinguere la "mattina" dalla "sera", nel settimo anno "ieri" da "domani", nell'ottavo sa precisare l'idea di "stagione", nel decimo ha coscienza che esiste una inevitabile e irreversibile successione degli avvenimenti (nel senso cioè che il passato è "passato" per sempre).

L'età influisce sulla percezione in questo senso, che per un adolescente il tempo scorre troppo lento (poiché egli vuole raggiungere in fretta l'autonomia garantita dalla maturità), mentre per l'adulto il tempo scorre troppo in fretta (poiché ha la percezione che la sua vita sta per finire).

Questo ci fa altresì capire che la coscienza del tempo vissuto può anche essere in contrasto con la misura oggettiva del tempo (orologio o calendario): tono affettivo, emotività ecc. ci fanno sembrare lungo o breve il tempo trascorso (ad es. la noia lo allunga, il piacere lo accorcia).

Percezione degli oggetti

La nostra esperienza quotidiana ci insegna che non percepiamo dei singoli stimoli (dalla cui somma giungiamo a "ricostruire" gli oggetti), ma vediamo immediatamente gli oggetti nella loro unitarietà-totalità-significatività-permanenza (ad es. percepiamo subito che un libro è un libro prima ancora d'averlo aperto e sfogliato), e li vediamo come "distinti" dagli altri oggetti circostanti (ad es. una matita appoggiata sul foglio la vediamo distinta dal foglio).

I fatti però dimostrano che non sempre il mondo fisico degli oggetti coincide esattamente con quello che noi riusciamo a percepire (mondo fenomenico). Un fenomeno può essere percepito senza esserci fisicamente o, al contrario, pur essendoci, noi non riusciamo a vederlo, o addirittura riusciamo a vedere una cosa diversa da quella che veramente c'è (vedi ad es. il mimetismo bellico, le illusioni ottiche, geometriche, i miraggi, i giochi di prestigio ecc.). Spesso i sensi ci ingannano e solo coll'esperienza riusciamo a cogliere la vera realtà.

Le illusioni sono di origine interna, psichica, soggettiva. Se immergiamo un cucchiaino in un bicchier d'acqua ci sembra spezzato, benché la sensazione visiva trasmetta alla retina solo una deviazione. A volte l'illusione è dovuta allo stato emotivo (ad es. se siamo soli e abbiamo paura, ogni minimo rumore ci sembrerà sospetto).

Questo cosa ci fa capire? Che la percezione non ci fornisce una copia fotografica della realtà esterna, ma è una funzione psichica che elabora i dati forniti dai recettori sensoriali, subordinando le singole sensazioni al tutto, per cui i particolari acquistano un aspetto diverso a seconda del tutto al quale appartengono. La percezione dell'insieme precede sempre quella delle singole parti. Ovvero il modo più comune di percepire un oggetto è quello della percezione globale o sincretica. L'analisi dei nessi logici interviene in un secondo momento, ed è questa che permette veramente di possedere un oggetto. Alla fine la sintesi ricompone i dati dell'analisi nel tutto.

Alcuni esempi. Se un ragazzo a scuola ruba di frequente, si può pensare che provenga da un ambiente economicamente povero, ma se si scopre che è di condizione agiata, allora le cause dei suoi furti vanno cercate nella sfera psicologica. Entrando in una scuola è cosa normalissima trovare nelle aule dei quaderni coi fogli bianchi, ma per chi ha una coscienza ecologica sarebbe molto più naturale che vi fossero dei quaderni fatti con carta riciclata.

In ogni totalità che percepiamo possiamo sempre distinguere la parte che risalta (la figura che ha una forma nitida) da quella che resta (informe, indifferenziata) nello sfondo (ad es. la classica figura di Rubin: un vaso e due profili umani). Il contorno appartiene alla figura che delimita e non allo sfondo; la figura (che è più vicina) ha un'estensione definita, lo sfondo (che è lontano) si estende senza limiti; la figura attira di più, si ricorda meglio, e ha un colore di superficie; tutti gli elementi di una figura hanno qualcosa in comune tra loro e di diverso dallo sfondo, e viceversa.

Le costanze percettive

La costanza percettiva è la tendenza della percezione a conservare caratteristiche costanti nel tempo e nello spazio, entro certi limiti, pur al variare oggettivo delle situazioni di stimolazione (ad es. il nostro corpo mantiene una temperatura superiore di poco ai 36 gradi, pur al variare delle condizioni climatiche). La cosa fa problema perché, mentre prima dicevamo che la corrispondenza tra oggetto fisico e oggetto fenomenico non è sempre possibile, in quanto possiamo cadere nell'illusione, ora invece dobbiamo sostenere che può esistere una corrispondenza anche se la stimolazione varia notevolmente.

La costanza percettiva ci permette di prendere sempre delle decisioni basate sulle "reali" caratteristiche degli oggetti e dell'ambiente, nonostante le eventuali variazioni con cui gli oggetti si possono manifestare (stimolando i nostri sensi). In altre parole, i fenomeni di costanza ci consentono di cogliere e riconoscere gli oggetti nelle più svariate e sfavorevoli condizioni di presentazione (ad es. di scarsa luminosità).

Le costanze possono essere di grandezza, forma, colore (o cromatica) e di chiarezza.

- *Grandezza*: una persona alta 1,70 m., che si trovi a 2 m. o a 10 m., appare conservare la propria grandezza, nonostante le dimensioni della sua immagine nella retina cambino notevolmente.

- *Forma*: se osserviamo un disco posto in posizione inclinata, esso ci apparirà ancora come un cerchio, nonostante che l'immagine proiettata sulla retina sia un'ellisse.
- *Colore*: se osserviamo un oggetto bianco con un'illuminazione rossa, l'oggetto viene sempre percepito di colore bianco.
- *Chiarezza*: se noi osserviamo un pezzo di carta nera alla luce diurna di una finestra, possiamo costatare ch'esso appare costantemente nero, malgrado che la quantità di luce riflessa dalla sua superficie vari in misura considerevole.

L'immaginazione

Differenza tra immagini e senso-percezioni

Quando gli stimoli vengono a mancare, quando i recettori senso-riali non trasmettono più la presenza dell'oggetto (cioè non ci danno alcuna sensazione), la percezione non scompare, ma permane sotto forma di *immaginazione* (o rappresentazione). Infatti, a differenza delle senso-percezioni, le immagini non sono legate alle vie sensoriali. Ad es. se ci troviamo al buio, l'oscurità c'impedisce di avere senso-percezioni visive per l'assenza degli stimoli, ma non c'impedisce di avere "immagini visive". Le immagini sono "quadri mentali" che rappresentano ciò che sopravvive delle percezioni nella nostra psiche.

Non esistono immagini che non si colleghino, in qualche modo, all'esperienza percettiva o sensoriale (ad es. non possiamo immaginare un suono o un colore mai percepiti. Possiamo immaginarci un "ippogrifo", ma solo perché abbiamo già percepito animali che volano e cavalli).

Le immagini non si identificano né con le percezioni né con le sensazioni. La percezione è intensa, nitida, perché comporta la presenza fisica dell'oggetto ed è quindi legata al tempo e allo spazio; l'immaginazione invece è debole, confusa, imprecisa, modificabile a nostro piacimento, libera da vincoli sensoriali e quindi molto più flessibile. Di un oggetto possiamo avere numerose senso-percezioni, ma avremo sempre una sola immagine (globale) con caratteristiche proprie, più o meno fedeli ai particolari.

Le percezioni hanno una causa *fisica* che risiede nello stimolo, sempre esterno al sistema nervoso o al cervello, per cui le cose percepite sono accompagnate dalla convinzione della loro esistenza. Le immagini invece hanno una causa *mnemonica*, nel senso che esse subentrano quando le percezioni scompaiono e non hanno bisogno, per sussistere, di una fedeltà alla realtà. Le immagini non sono che ricordi o fantasie, più o meno rielaborate, di precedenti esperienze. Se confondiamo le immagini con le percezioni (cioè i desideri con la realtà) cadiamo nel fenomeno delle allucinazioni.

Tipologia delle immagini

In base alla **forma**, le immagini sono visive, uditive, olfattive, gustative, tattili, termiche, dolorifiche e organiche. Nel bambino e nel fanciullo prevalgono quelle visive. Col progredire del pensiero prendono forma le immagini verbali-uditive (ad es. parole d'amore sussurrate all'orecchio difficilmente si scordano).

In base alla **natura**, le immagini sono:

- *consecutive* (ad es. se fissiamo intensamente un oggetto di colore rosso vivo e poi volgiamo lo sguardo su uno sfondo bianco, rivediamo ancora l'oggetto ma colorato di verde, perché il colore rosso rimasto fisso per un certo tempo nella retina, a contatto col bianco si mescola col colore complementare);

- *eidetiche* (ad es. i cosiddetti casi di "memoria fotografica": vi sono persone che continuano a vedere chiaramente l'oggetto anche quando esso è stato tolto. Pico della Mirandola era un eidetico visivo perché gli bastava leggere un libro una volta per saperlo ripetere; Mozart era un eidetico uditivo);

- *mnemoniche* (queste immagini riproducono l'esperienza del passato, anche a distanza di molti anni, ma mai in modo completamente fedele);

- *fantastiche* (con la fantasia l'immaginazione si libera quasi completamente della realtà e diventa creativa: "quasi", perché essa si avvale sempre delle immagini mnemoniche, che pur trasforma a proprio piacere).

Naturalmente ogni immagine richiamata alla mente è sempre una nuova immagine, in quanto torna a rivivere in una situazione differente (ad es. l'immagine di una persona a cui si vuole bene è molto diversa dall'immagine di quella stessa persona a cui, per un motivo o per un altro, si è smesso di voler bene. Così è per la trama di un romanzo riletta a distanza di molti anni).

Il valore della fantasia

L'immaginazione creativa si svolge in modo conforme ai nostri desideri, sentimenti, interessi, tendenze ecc. Un cieco-nato non potrà mai essere un pittore, né un nato-sordo un musicista. D'altra parte appartiene alla comune esperienza (anche di un cieco-nato) fare progetti, azzardare previsioni, anticipare delle situazioni, ecc. Ciò significa che la fantasia investe la vita psichica di ogni persona. Si tratta di un lavorìo a volte cosciente, a volte no.

L'attività fantastica è una valvola di sicurezza al dinamismo interiore, un processo di liberazione dalle più profonde aspirazioni (ciò ad es. si verifica in quel fantasticare che precede il sonno e nello stesso sogno). L'immaginazione creativa costruisce ideali e rinforza le speranze, elimina i timori, ma può anche far sognare ad occhi aperti, cioè astrarre dalla realtà, portando ad una deformazione delle cose (nel senso dell'eccessivo ottimismo o del radicale pessimismo).

È nel campo dell'arte che la fantasia domina incontrastata: sia nelle arti plastiche (pittura, scultura e architettura) che in poesia, letteratura e soprattutto musica. Nelle costruzioni logiche dei filosofi e nelle ricerche degli scienziati, la fantasia si trasforma in ipotesi, teorie, interpretazioni, analogie... (ad es. Newton ha collegato la caduta di una mela dall'albero al movimento dei pianeti). Ogni conquista scientifica, scoperta o invenzione, è sempre il frutto di un'ardita ipotesi costruita dall'immagine creativa e confermata dall'esperienza.

L'attenzione

Interesse e tensione mentale

L'attenzione esprime il grado di tensione mentale di un individuo. Siccome questa tensione è limitata, l'individuo non può orientarsi verso tutte le stimolazioni interne ed esterne, per cui egli opera necessariamente delle scelte sulla base di interessi o piaceri.

L'attenzione rivolta in una sola direzione può portare a migliorare l'azione ed implica anche l'inibizione di ogni altra attività divergente (che distrae). L'attenzione seleziona e specializza, anche se l'eccessiva specializzazione può inibire l'insieme della vita psichica, producendo ad es. i casi di "deformazione professionale" (ma vedi anche il caso in cui due persone, compiuto un identico viaggio turistico, descrivono al ritorno quello che hanno visto in maniera molto diversa, solo perché la loro attenzione era stata colpita da cose diverse).

Campo di coscienza e di attenzione

Mentre l'attenzione si concentra, la coscienza continua ad essere sollecitata da stimoli esterni (sensoriali), come ad es. i rumori, che se sono troppo intensi possono impedire l'attenzione.

La concentrazione

Mediante la concentrazione, le percezioni aumentano in intensità, le immagini acquistano maggiore chiarezza, le reazioni si fanno più rapide ed esatte (a volte addirittura sono anticipate, come ad es. nella gara dei 100 m., quando si parte prima del via).

Una concentrazione eccessiva (prolungata nel tempo, specie quella sottratta alle ore di sonno) può provocare lesioni al cervello e portare a effetti opposti. In ogni caso un'attenzione continuamente tesa è impossibile nell'uomo: in alcuni soggetti è massima durante il mattino, in altri durante la notte (nella quiete assoluta). Il tic-tac di un orologio, posto vicino all'udito, viene percepito ora più forte ora più debole, proprio perché la tensione mentale varia.

Come tipologia, l'attenzione può essere concentrata su un solo argomento, o distribuita su più argomenti. E può essere di vari caratteri: rapida/lenta, persistente/labile, profonda/superficiale, prolungata/breve, ecc.

Concentrazione attiva e passiva

Quella passiva o involontaria è dettata da impulsi che si riallacciano direttamente agli istinti di conservazione, riproduzione, socializzazione, ecc., nel senso che non siamo noi a scegliere gli oggetti, ma sono gli oggetti che s'impongono di forza alla nostra attenzione (ad es. il fantasticare prima del sonno, il leader di un gruppo al quale apparteniamo ecc.). Questa attenzione è poco dispendiosa, può anche prolungarsi nel tempo senza dare l'impressione della fatica.

Quella attiva o volontaria è posteriore a quella spontanea, dal punto di vista genetico, ma rappresenta una tappa superiore di evoluzione; è determinata dagli interessi (scientifici, culturali, morali, estetici, ecc.), che influenzano la scelta delle immagini e l'attuazione del processo attentivo. Questa attenzione implica un maggior consumo di energia e anticipa l'insorgere della stanchezza.

Unità dell'oggetto di attenzione

Non è possibile dedicare un'attenzione uguale, nello stesso momento, a due oggetti diversi. Chi crede ad es. di poter leggere e mangiare contemporaneamente, s'illude. Neanche per un giocatore di scacchi che avesse a che fare con più avversari, la simultaneità assoluta sarebbe possibile. È proprio la rapidità del processo attentivo che fa cadere in questa illusione.

L'unità dell'oggetto di attenzione è data anche dal fatto che l'attenzione può sintetizzare i molti contenuti di un determinato oggetto, in modo da formare un tutto unico (ad es. in un incrocio col semaforo l'autista decide di passare non solo perché il verde lo autorizza, ma anche perché ha la percezione globale di poterlo fare con sicurezza: per poter prendere una decisione, anche in un lasso di tempo molto breve, bisogna essere concentrati sull'insieme di una sola cosa).

Condizioni dell'attenzione

Quali sono i fattori psico-fisici che regolano e facilitano l'attenzione?
1. stato di freschezza/riposo, che permette una maggiore disponibilità di energia (ad es. nell'ultima ora di lezione il rendimento di uno studente è più scarso);

2. isolamento dell'oggetto dagli stimoli perturbatori dell'ambiente (ad es. studiare con la radio accesa non favorisce la concentrazione);

3. cambiamento dello stimolo, per impedire l'assuefazione e preservare l'interesse (ad es. esaminando un oggetto/fenomeno/problema sotto varie angolazioni);

4. intensità dello stimolo, che può indurre, dall'esterno, un soggetto a interessarsi di un dato argomento (tuttavia, senza partecipazione attiva del soggetto, nessuno stimolo ha effetti duraturi);

5. novità dell'oggetto: cosa che desta sempre più facilmente l'attenzione, soddisfacendo la curiosità naturale del soggetto. Ma se la novità non viene fatta propria a livello di interesse personale, essa produrrà solo un'attenzione temporanea;

6. interesse fondato su un'esigenza sentita, senza la quale tutti gli artifici escogitati per captare la curiosità del soggetto, sono destinati a fallire.

Concomitanti fisiologici dell'attenzione

Il processo attentivo è accompagnato da fenomeni di concordanza in tutto l'organismo (ad es. dovendo svolgere un compito difficile, si rinuncia ad ogni movimento per risparmiare energia e per eliminare elementi disturbatori, si contraggono i muscoli nella zona mimica oculare, specie il sopracciliare e il frontale, la circolazione del sangue accelera nel cervello, cresce la pressione sanguigna, il ritmo respiratorio e cardiaco si altera, si modifica la secrezione salivare: si è insomma in tensione). Ciò significa che la risoluzione del compito comporta uno stress psico-fisico.

Altri espedienti fisici che aiutano la concentrazione, tenendo lontano gli stimoli perturbatori, variano a seconda degli individui (ad es. leggere ad alta voce, seguire il testo col dito, appoggiare la testa alla mano, chiudere le orecchie, ecc.).

A volte la fissità/immobilità può comportare delle scariche di energia superflua, che possono anche turbare la concentrazione (ad es. tamburellare il tavolo con le dita, ritmare il piede sul pavimento, rosicchiare la penna...).

Educazione all'attenzione

L'attenzione del bambino, assai mobile e facilmente stancabile, si disperde con estrema facilità se l'educatore non riesce a rendere interessante l'argomento in modo da agganciarlo alle profonde esigenze interiori. La paura o la minaccia di un brutto voto non fanno studiare di più dell'interesse. Uno studente è più portato a studiare una materia che normalmente non gli interessa se l'insegnante è in grado di stimolarlo positivamente; viceversa, può sentirsi indotto a trascurare una materia che fino a quel momento gli piaceva solo perché l'insegnante non ha saputo stimolarlo positivamente.

Ovviamente, non tutte le forme di attenzione sono uguali: l'instabile deve essere sottoposto a periodi di regolarità, l'eccitato a periodi di moderazione, il lento a periodi di accelerazione... Inoltre, per facilitare la concentrazione, la fatica va distribuita nel tempo, alternando il lavoro al riposo. In sintesi: educare l'attenzione significa far leva sul sistema degli interessi ampliando di nuove prospettive il processo di concentrazione.[3]

---

[3] Di regola la curva d'attenzione di uno studente, nell'arco di 50' di lezione, raggiunge l'apice dopo i primi 7-8 minuti, poi ha un calo costante fino a raggiungere il minimo verso i 26-27 minuti di lezione, infine risale mantenendosi in maniera abbastanza costante sino alla fine dell'ora, sempre al di sotto comunque dell'apice iniziale.

L'apprendimento

L'apprendimento si verifica quando una variazione significativa delle condizioni ambientali (*stimolo*) determina una modificazione reale (che permane nel tempo) del comportamento (*risposta*). Questa modificazione può comportare il miglior adattamento possibile all'ambiente, ma può anche comportare l'acquisizione di un apprendimento non-funzionale (ad es. un alunno che, per risolvere un esercizio, si avvale di una regola per la quale gli occorre più tempo di un'altra più semplice).

Perché l'apprendimento si verifichi occorre una stimolazione dell'ambiente che sia diversa da quella solita o precedente. Perché lo stimolo possa essere appreso è necessario che sia connesso, in qualche modo, alla soddisfazione di una motivazione presente nell'organismo che apprende ("in qualche modo", perché lo stimolo, di fatto, può agire su un organismo anche al di fuori della consapevolezza di chi lo riceve o della volontà di chi lo produce, come ad es. nel sonno, nel coma, ecc.).

Se le variazioni dell'ambiente non sono significative, si verifica il fenomeno dell'assuefazione: nel senso cioè che lo stimolo viene percepito come se non fosse uno stimolo, ma, al massimo, come un elemento di disturbo cui non va prestata particolare attenzione (ad es. l'insegnante che in classe spiega cose nuove, ma che normalmente viene percepito dai ragazzi come una persona noiosa).

Il fenomeno contrario è quello della sensibilizzazione: ad es. se un bambino ha toccato un cavo elettrico ricevendone la scossa e subendo uno choc emotivo, può avere una reazione fobica o di panico alla semplice vista di un altro cavo, dopo quella esperienza.

La scienza che per prima ha studiato l'associazione di uno stimolo (offerto dall'ambiente) ad una risposta (data dall'organismo) è la **reflessologia** di Ivan Pavlov. Essa ha stabilito che c'è vero apprendimento solo quando si acquisiscono nuove relazioni tra *stimolo* e *risposta*.

L'inizio dell'apprendimento si verifica già nel periodo pre-natale (ad es. mettendo un altoparlante vicino al ventre materno, i suoni trasmessi provocano un'accelerazione del battito cardiaco del feto). Sin dalla nascita l'organismo possiede, geneticamente, un determinato programma comportamentale (ad es. la pupilla si restringe ad una luce intensa = riflesso incondizionato). Il vero apprendimento non è altro che il tentativo di arricchire o modificare tale programma sulla base dell'esperienza (ad es. un neonato al quale si dà un biberon di acqua zuccherata insieme ad una carezza, reagirà in seguito alla carezza ruotando il capo alla ricerca del biberon = riflesso condizionato). Il condizionamento che implica una modificazione a carico dello stimolo, viene detto **classico**; quello relativo alla risposta viene detto **strumentale**.

Condizionamento classico (Pavlov)

Le ricerche di Pavlov (proseguite da John Watson negli Usa) partirono dalla constatazione che i cani emettono saliva non solo mentre s'introduce del cibo nella loro bocca, ma anche alla semplice vista del cibo o dello sperimentatore che solitamente li nutre. Pavlov intuì che questa reazione non era un riflesso biologico innato, ma appreso.

Egli decise di sottoporre i suoi cani al seguente esperimento: dapprima li stimolò col suono d'un campanello, senza che ciò provocasse salivazione (*stimolo neutro*); poi introdusse del cibo nella loro bocca, e ciò comportò salivazione (*riflesso incondizionato*); ripeté più volte i due stimoli in successione (suono e cibo); alla fine notò che i suoi cani cominciavano a salivare al solo suono del campanello (era il **riflesso condizionato**).

Pavlov capì anche che se si continua a far suonare il campanello senza portare la carne, la salivazione tende a scomparire (è il fenomeno di **estinzione**); se l'esperimento viene interrotto e ripreso successivamente, il campanello può produrre di nuovo la salivazione (è il fenomeno di **recupero spontaneo della risposta precedente**); se si usa un suono più o meno intenso rispetto a quello originario, la salivazione si verifica lo stesso (è il fenomeno di **generalizzazione**); se invece si dà la carne solo col suono più forte e non con quello più debole, al sentire quest'ultimo suono il cane non produrrà salivazione (è il fenomeno di **discriminazione**).

Le componenti del condizionamento classico

Quali sono le condizioni o i limiti entro cui può realizzarsi un condizionamento efficace?

Relativamente allo **stimolo**: dev'essere percepibile e d'intensità non troppo elevata per il soggetto che lo percepisce: in caso contrario la risposta sarà di fastidio-disturbo-paura (a meno che non si voglia ottenere proprio questo condizionamento!).

Relativamente alla **risposta**: non vi sono limiti assoluti, in quanto ogni risposta è possibile, purché sia scelta tra le possibilità di comportamento del soggetto.

Relativamente al **soggetto sperimentale**: occorre una motivazione, altrimenti il condizionamento non riesce (ad es. per condizionare un cane con del cibo occorre che sia affamato).

Relativamente alla **metodologia**: per eseguire un esperimento occorre che tra una prova e l'altra vi sia un intervallo ottimale, in quanto il susseguirsi ininterrotto di prove rallenta l'apprendimento.

Relativamente all'aspetto **filo-genetico**: nella misura in cui si sale la scala zoologica, le possibilità di condizionamento diventano più ampie e complesse.

Condizionamento strumentale (Thorndike)

Questa forma di apprendimento (elaborata per la prima volta dall'americano Edward Lee Thorndike) è basata sulla *ricompensa* o sulla *punizione*. Viene chiamata strumentale in quanto il comportamento attivato è funzionale ad ottenere certe conseguenze (*ricompensa* in caso di successo), o per evitarne altre (*punizione* in caso di fallimento).

Thorndike mise un gatto affamato in una gabbia, al di fuori della quale aveva posto del cibo molto appetitoso. Il gatto, per poter uscire, doveva rimuovere la chiusura dello sportello. A tale scopo adottò una serie di comportamenti: in un primo momento eseguiva i più svariati tentativi (mordeva, graffiava, spingeva...), in seguito cominciò ad eliminare gradualmente gli errori, finché poté uscire. Il gatto aveva appreso per "prove ed errori".

Venne così formulata la legge dell'**effetto**, secondo cui, posto che un animale in una situazione nuova effettui un certo numero di risposte diverse tra loro, le risposte che risultano efficaci vengono selezionate e conservate (acquisite), mentre le altre vengono cancellate. L'efficacia determina l'acquisizione dell'azione. La pedagogia americana, in seguito, si servì di questo principio psicologico in ambito scolastico, prestando più attenzione a premiare le risposte giuste degli allievi che non a punire quelle sbagliate.

Infine si sottolineò che, nel gatto di Thorndike, ciò che veniva "premiato" non era una singola risposta stereotipata, ma il fatto di voler raggiungere uno scopo, liberandosi di un ostacolo, a prescindere dall'esito finale.

Sulla scia di Thorndike, altri ricercatori hanno affrontato lo studio dell'apprendimento.

Il box di Skinner

Il box Burrhus Skinner è una gabbia dotata di una leva (o pulsante) da premere (ad es. per un topo) o di un disco da beccare (p. es. un piccione) per ottenere del cibo. Prima d'iniziare l'esperimento, l'animale viene tenuto a dieta ridotta per un certo periodo di tempo, al fine di motivare la sua ricerca di cibo (si parla di "dieta ridotta", perché se le condizioni di bisogno sono troppo intense si verifica una caduta di rendimento). Il box funziona in modo tale che l'animale ottiene il cibo appena preme la leva. L'azione dell'animale è strumentale al raggiungimento di una mèta gratificante. Il test ha dimostrato che l'azione si verifica ogniqualvolta l'animale viene introdotto nel box. Avendo il cibo funzione di stimolo rinforzante dell'azione operativa dell'animale, il condizionamento viene detto **"operante"**.

Skinner è stato accusato di ridurre l'organismo a una macchina. In effetti, il suo metodo è senza dubbio efficace, ma limita le possibilità espressive del soggetto sperimentale. Più che osservare il comportamento dell'animale, il ricercatore cerca di modificarlo secondo le sue aspettative.

Un'analoga tecnica sperimentale è quella del **modellaggio** (*shaping*), che si serve sempre dello *skinner box*. Qui l'animale ha diverse possibilità di agire. Lo sperimentatore non fa altro che premiare una fascia sempre più ristretta di risposte (dando del cibo), fino a premiare l'unica che gli interessa. È un esperimento che assomiglia al gioco infantile della ricerca di un oggetto nascosto (fuoco-fuochino-acqua-acquazzone ecc.). Queste tecniche, come noto, vengono usate dai domatori o ammaestratori degli animali da circo.

Skinner verificò anche altri effetti.

- Se all'animale che, nel box, preme la leva, non si fa avere del cibo, col passare del tempo l'animale tenderà a non premere più la leva.

- Se gli si dà il cibo a intervalli regolari (una volta sì, una volta no), il condizionamento c'è lo stesso ma sarà più lento e la leva verrà premuta con minore frequenza.

- Se ad ogni pressione della leva si decide di aumentare il cibo, l'animale aumenterà la frequenza della pressione.

- Se ad ogni pressione occorre aspettare almeno due minuti per avere il cibo, l'animale, col tempo, acquisisce il senso dell'intervallo.

- Se l'intervallo è irregolare (1m.-2m.-½m. ecc.), l'apprendimento richiede un tempo maggiore, ma una volta realizzato tende a permanere.

Skinner insomma arrivò a capire:

- Sottraendo il rinforzo (cibo), inizia l'estinzione della risposta appresa.

- Tanto più un comportamento è stato bene appreso, tanto maggiore è la resistenza alla sua estinzione.

- L'introduzione, durante il condizionamento, di prove non rinforzate (con cibo), rende meno facile e meno rapida l'estinzione del comportamento appreso.

- Si può avere un condizionamento molto intenso anche in situazioni che consentono un rinforzo molto diradato nel tempo (si pensi ad es. alle slot-machines, programmate sulla base del comportamento dei giocatori d'azzardo).

- Una situazione di apprendimento che sia, entro certi limiti, variabile nelle sue caratteristiche (frequenza, intensità, ritmo del rinforzo...), è molto più efficace che non una del tutto costante. Ciò in quanto essa tende a riprodurre le situazioni della vita reale.

- Il mancato rinforzo (o punizione) può comportare l'estinzione del comportamento acquisito (diversamente da come la pensava Thorndike). Infatti, se lo scopo del ricercatore è quello dell'estinzione di un comportamento, è più facile raggiungere il risultato annullando il rinforzo che ricorrendo a un'eccessiva punizione, la quale può indurre l'animale a diventare meno disponibile ad accettare un diverso apprendimento.

I labirinti di Small e di Tolman

Willard Small nel 1901 ideò diversi prototipi di labirinti (a più corridoi, a T, a Y, ramificato), composti da un box di partenza e uno di arrivo col cibo dentro: in mezzo un intreccio di corridoi più o meno complicato, nel rispetto di determinate regole. Ogni punto d'intersezione non possedeva alcun particolare indizio caratteristico che consentisse di distinguerlo dagli altri. Infine il labirinto poteva essere modificato nel corso dello stesso esperimento (allungandone o accorciandone la lunghezza, variandone l'angolatura, ecc.).

Small usò dei ratti affamati. Lo scopo delle sue ricerche era quello di stabilire quale modalità sensoriale era determinante per il ratto nella scelta del corridoio da percorrere. I dati raccolti dimostrarono che nessuna modalità (visiva, uditiva, olfattiva ecc.), singolarmente considerata, era determinante. In pratica, col metodo di "prove ed errori" il ratto riusciva sempre ad arrivare al cibo, anche se apprendeva più facilmente i percorsi esatti in prossimità del box di partenza o di arrivo (che rappresentavano uno stimolo di ancoraggio), mentre trovava più difficoltà nei percorsi intermedi.

Edward Tolman giustificò questo comportamento dicendo che l'animale elabora, mentre percorre il labirinto, una specie di rappresentazione mentale (o mappa cognitiva) dello stesso labirinto. Se il ratto, dopo alcuni esperimenti, possiede questa mappa, saprà sempre, più o meno, dove si trova in un certo momento e saprà sempre dove deve andare. Esso cioè dispone di un insieme di informazioni che, di volta in volta, utilizza come guida per l'azione.

Apprendimento latente

Accanto all'apprendimento per condizionamento classico e strumentale, vi è quello che si verifica senza intenzionalità, per semplice osservazione. Ad es. se mettiamo dei gatti in una gabbia, accanto ad altri sottoposti a compiti di apprendimento, i primi risolveranno più rapidamente lo stesso compito di apprendimento quando più tardi vi saranno sottoposti. Questo tipo di apprendimento, nel bambino, favorisce la socializzazione, l'assunzione di abitudini, idee, ecc.

Apprendimento complesso

Esistono dunque varie forme di apprendimento. Una sola è esclusivamente umana: l'acquisizione volontaria delle abitudini, che necessita un certo grado evolutivo di intelligenza e di volontà. Una volta raggiunta una relativa stabilità, le abitudini volontarie cadono nell'inconscio e diventano automatiche, benché restino sempre soggette a modificazione.

L'apprendimento è strettamente collegato e dipendente dall'ambiente in cui viviamo. Ogni individuo segue delle strategie diverse di apprendimento, ma molte altre sono comuni a tutti gli individui. L'apprendimento quotidiano è molto più complesso di quello artificiale che si verifica in situazioni sperimentali. La forma più complessa di apprendimento è quella che si realizza nel linguaggio.

La motivazione

Il concetto di **Motivazione** o Comportamento motivato (pulsione) è stato introdotto in Psicologia dopo gli studi di W. James, C. L. Hull e S. Freud. Con esso si deve intendere tutto ciò che spinge l'essere umano a perseguire determinati scopi. Esso quindi è lo studio del "perché" delle azioni.

Tutte le forme di motivazione, siano esse biologiche (p.es. ricerca del cibo) o psicologico-affettive, implicano sempre la mobilitazione di una quantità più o meno grande di energia per il conseguimento di uno scopo (bisogni-desideri). La Psicologia studia le diverse forme di motivazione, ovvero il nesso tra certi comportamenti e l'ambiente.

Una motivazione si manifesta quando per una qualsiasi ragione si è perso uno stato di equilibrio, e permane sino a quando l'equilibrio non si è ristabilito. P.es. dopo un certo numero di ore di digiuno intervengono dei meccanismi che ci segnalano la necessità di reintegrare il cibo metabolizzato.

Il comportamento motivato è caratterizzato dalla presenza di tre fattori:

1. mobilitazione di energia (se è molta, la motivazione è molto forte);
2. persistenza (se c'è reiterazione, nonostante sforzi e insuccessi, la motivazione è molto intensa);
3. variabilità (si può raggiungere uno scopo, modificando il comportamento o i mezzi già usati).

In altre parole, la motivazione si riferisce:

1. agli stati di tensione (bisogni-desideri) che mettono in moto il comportamento,
2. al comportamento strumentale messo in moto da questi stati,
3. agli obiettivi di questo comportamento, volti a soddisfare il bisogno o a ridurre il desiderio.

Le motivazioni possono essere classificate in tre categorie:

* biologiche,
* emozionali,
* sociali (studiate dalla Psicologia sociale).

Motivazioni biologiche. Vediamone solo alcune.

Bisogno di cibo (fame). Per poter studiare la fame come motivazione biologica è necessario privare l'organismo di cibo. Nell'uomo l'energia è accumulata, mediante l'alimentazione, sotto forma di molecole di glucosio nel fegato, o sotto forma di grasso in varie parti del corpo. È da queste riserve che le cellule del nostro organismo prelevano l'energia. Prima però che le riserve si esauriscano, scattano meccanismi di "allarme" che segnalano lo stato di bisogno energetico. È così che si manifesta lo stimolo della fame. I recettori gustativi della lingua, le contrazioni dello stomaco, la concentrazione di glucosio e di ormoni nel sangue e gli impulsi che provengono dall'ipotalamo (centro nervoso nella parte inferiore del cervello), hanno un ruolo fondamentale del determinare sia il senso di fame che lo stato psicofisiologico di sazietà.

Bisogno di acqua (sete). Ogni giorno perdiamo mediante sudorazione, espirazione e urinazione moltissima acqua. La mancanza d'acqua comporta una concentrazione salina nel sangue, il che spinge alla ricerca di liquidi. La relativa disidratazione determina la secchezza della mucosa della bocca e della lingua. È appunto questa sensazione che motiva, psico-fisiologicamente, l'assunzione di liquidi. La sete è un "bisogno", cercare e bere acqua è una "motivazione".

Il controllo della temperatura. Quando la temperatura ambientale si discosta sensibilmente in più o in meno da quella percepita come ottimale, si avverte una sensazione di caldo o di freddo: il che spinge all'azione. Nell'ipotalamo vi sono alcuni centri che presiedono al controllo neurologico della termoregolazione.

L'istinto sessuale. Mentre le due precedenti motivazioni sono finalizzate alla sopravvivenza dell'individuo, la motivazione sessuale è finalizzata alla sopravvivenza della specie. La motivazione sessuale è attivata da uno stato di tensione, il quale, a sua volta, attiva (almeno tendenzialmente) un comportamento volto a estinguere la tensione. Nell'essere umano la motivazione sessuale è costituita, oltre che da meccanismi fisiologici, anche da fattori di ordine cognitivo, affettivo, sociale e culturale in senso lato.

- I primi ad aver affrontato la fisiologia della sessualità sono stati H. Masters e V. E. Johnson (1966). Essi hanno affermato che il comportamento sessuale è *intermittente*, nel senso che interviene, a intervalli più o meno lunghi, durante il periodo evolutivo corrispondente alla maturità sessuale e all'età adulta; ed è *ciclico*, perché si tratta di un'attività psicofisiologica composta da diverse fasi, che si susseguono l'una all'altra, secondo un ordine determinato. Il ciclo sessuale è composto da 5 fasi:
  1. *eccitamento progressivo* (comparsa dello stato di tensione): attivazione di tutto l'organismo, aumento della pressione arteriosa, della frequenza cardiaca, della secrezione

sudoripara, del tono muscolare, ecc., vasocongestione degli organi genitali, iniziale secrezione delle ghiandole genitali;

2. *eccitamento costante* (plateau): aumento della frequenza respiratoria, il livello di attivazione raggiunto permane per un certo periodo di tempo;

3. *eccitamento orgasmico*: aumento critico, rapido e intenso delle suddette funzioni fisiologiche, sino al livello massimo, eiaculazione nel maschio;

4. *riduzione dell'eccitamento* (distensione): ritorno piuttosto rapido alle condizioni della fase 2 e 1, caduta delle funzioni fisiologiche, comparsa di uno stato di rilassamento muscolare e ipotensione, torpore che può indurre il sonno.

5. *refrattarietà*: caratterizzata da una incapacità a reagire a quegli stimoli che normalmente provocherebbero la fase 1.

- Le fasi 1 e 2 dipendono, in gran parte, dagli stimoli ambientali, dalle diverse situazioni di vita, dalle caratteristiche psico-fisiologiche e di personalità del soggetto. L'attività sessuale comporta un coinvolgimento dell'intero organismo: essa presenta un andamento più omogeneo nell'uomo e più eterogeneo nella donna (cioè diverso in soggetti diversi). La fase di refrattarietà è più intensa e prolungata nell'uomo.

Le emozioni. Le motivazioni biologiche dei bisogni fisiologici e dell'istinto sessuale derivano da una deprivazione, anche se quella sessuale fa in parte eccezione: esse cioè nascono da situazioni interne di squilibrio di determinate funzioni metaboliche. Viceversa, le motivazioni generate da stimoli esterni vengono dette "emozioni".

Le emozioni si sviluppano sin dall'infanzia e vengono divise in positive e negative, anche se non sempre è facile dire se un'emozione è piacevole o spiacevole (come nella meraviglia o sorpresa); a volte delle emozioni spiacevoli sono desiderate (ad es. i film del terrore). Naturalmente molto dipende dall'esperienza soggettiva di ciò che può o non può procurare emozione.

Di oggettivo vi sono le alterazioni organiche o fisiologiche, (p.es. con lo spavento il cuore batte più in fretta). Le reazioni dell'organismo agli stati emotivi interessano tutti gli apparati: p.es. si hanno sbalzi della pressione, variazioni del ritmo-profondità del respiro, alterazioni digestive, disturbi delle secrezioni ghiandolari (come l'eccessiva sudorazione) ecc. Tali reazioni, se la vita emotiva è molto stressante, possono diventare stabili e portare a uno stato patologico, con lesioni organiche irreversibili (p.es. ipertensione, infarto, ulcera, emicrania..., che sono poi le cosiddette "malattie psicosomatiche": malattie organiche con cause psicologiche).

È stato dimostrato da Pavlov e altri scienziati che alcune emozioni e comportamenti sono ereditari. Pavlov scoprì che tra i cani utilizzati per i suoi esperimenti, quelli magri e alti erano più facilmente eccitabili, mentre quelli grassi e piccoli lo erano di meno. D'altra parte gli esseri umani ereditano la struttura somatica, il sistema nervoso e il sistema endocrino, che rappresentano l'aspetto fisico delle emozioni.

Le emozioni più comuni sono la paura, l'ansia, l'ira, l'amore, la gioia e il dolore. Vediamo le prime tre.

- La *paura* è la reazione a un pericolo reale, attuale o potenziale.
- L'*ansia* è la reazione a una situazione sconosciuta o poco definita. L'origine della paura solitamente è esterna al soggetto, quella dell'ansia è interna. L'ansia è più durevole della paura ma meno intensa.
- L'*ira* è la conseguenza della frustrazione nel raggiungimento di una meta. Non ha radici ereditarie, non è una pulsione istintiva o spontanea. Ovviamente non sempre una frustrazione provoca l'ira. Se la frustrazione non viene superata, l'individuo può riversare l'ira su oggetti-persone totalmente estranei. Oppure può aggredire se stesso con un forte senso di colpa. Infine può anche negare che ci sia una vera frustrazione.

La frustrazione

La **frustrazione** è la mancata gratificazione di un desiderio, oppure l'impedimento alla soddisfazione di un bisogno. È uno stato psicologico che si verifica quando un ostacolo blocca il conseguimento di un fine da parte di un organismo che sia motivato a conseguire quel fine.

Componenti fondamentali per comprendere il concetto di frustrazione:

- essa può verificarsi solo per un organismo che può guidare il proprio comportamento dirigendolo verso un fine;
- il comportamento dev'essere attivato da una motivazione più o meno specifica;
- occorre che ci sia un oggetto (incentivo) corrispondente al bisogno-desiderio-attesa, in grado di gratificarli;
- non c'è frustrazione senza l'interferenza di un ostacolo che interviene tra la motivazione e l'incentivo, impedendone l'acquisizione.

Le cause della frustrazione

Fattori fisici: uscendo dal grembo materno l'individuo è costantemente impegnato ad affrontare un ambiente fisico che ha leggi proprie, non sempre corrispondenti a una immediata soddisfazione delle esigenze dell'organismo (ad es. fame, sete, riparo, protezione, freddo, caldo, umidità...).

Fattori sociali: l'uomo vive in un ambiente fisico "antropizzato", cioè sociale, costruito per adeguarsi ad esigenze umane. Ma le norme sociali che reggono questo ambiente non sempre favoriscono l'esistenza: molte norme scritte (e non scritte) vincolano l'azione, al punto che impediscono la soddisfazione dei desideri (ad es. il desiderio di vincere un concorso o di trovare un lavoro a tempo indeterminato).

Fattori personali: si suddividono in biologici, psicologici e sociali.

- Quelli *biologici* riguardano l'organismo (fonte di frustrazione è una particolare condizione fisica: statura, miopia, calvizie...). Ovviamente la situazione fisica in sé non è causa di un disadattamento, ma lo diventa se viene vissuta così o se viene proposta al soggetto in modo frustrante.

- I fattori *psicologici* riguardano la personalità (ad es. vivere in un ambiente centrato sull'efficienza operativa può essere frustrante per chi possiede una personalità desiderosa di coinvolgimento emotivo, contatto umano e comprensione).
- I fattori *sociali* riguardano la società (ad es. la necessità di appartenere a un certo contesto o classe sociale può determinare frustrazione). Da notare però che una stessa esperienza di mancata gratificazione può essere percepita da una persona come sgradevole o umiliante, mentre per un'altra può essere stimolante. Spesso l'impossibilità di soddisfare immediatamente un desiderio è utile stimolo di ricerca di nuove soluzioni.

Reazioni alla frustrazione

Persistenza dell'ostacolo: quanto maggiore è l'incentivo-motivazione, tanto maggiore sarà la tendenza a insistere nel raggiungimento di quella gratificazione che risulta impedita dalla persistenza dell'ostacolo.

Reazione aggressiva: la mancata gratificazione protratta nel tempo può scatenare la reazione aggressiva. L'energia viene distaccata dall'oggetto che funge da ostacolo, oppure viene reinvestita (sempre in modo aggressivo) su un altro oggetto. La reazione aggressiva è proporzionata alla frustrazione. A volte, per effetto di un accumulo, si può verificare una reazione fortemente aggressiva alla fine di una lunga serie di frustrazioni di modesta entità, nessuna delle quali, singolarmente vissuta, avrebbe scatenato la crisi.

- La reazione aggressiva può essere *eterodiretta* (rivolta verso l'esterno) oppure *autodiretta* (rivolta su di sé). Risponde alla seguente logica: "Se qualcosa è andato male, ci sarà una colpa; la colpa è di qualcuno; questo qualcuno deve essere punito". A seconda che il "qualcuno" sia il soggetto stesso o un altro, la reazione aggressiva è *intrapunitiva* o *extrapunitiva*.
- Da sottolineare anche la reazione aggressiva *rediretta*: ad es. una persona frustrata può ritenere giustificato il suo risentimento nei confronti di un'altra persona (che crede si sia comportata in modo offensivo), senza rendersi conto (perché il processo è inconscio) che il suo risentimento è dovuto al fatto che quella persona ne sostituisce in realtà una terza, che era stata effettivamente offensiva nei suoi confronti e verso la quale non aveva potuto reagire.

Stimolante dell'intelligenza: la frustrazione attiva il comportamento, per cui può essere utilizzata per l'apprendimento, a condizione che non sia troppo intensa né troppo prolungata (ad es. nelle interrogazioni le domande troppo "tranquille" o troppo "esigenti" del docente hanno un rendimento di risposta minore).

Reazione cooperativa: la frustrazione può attivare collaborazione fra i soggetti che la subiscono (ad es. quando esiste la minaccia di un nemico comune si dimenticano i vecchi torti).

Ansia, Angoscia e Apatia: si verificano in tutti quei casi in cui l'entità della frustrazione subita è così elevata da superare i limiti di tolleranza da parte del soggetto. L'ansia è uno stato di agitazione-stress-timore; l'angoscia è un'incontrollabile agitazione, un'incapacità a reagire; l'apatia è caratterizzata da indifferenza-distacco-demotivazione totale, tipica di quei soggetti provati da gravi traumi emotivi (prigionia, terremoti, tortura, lutto, tradimento...) o di soggetti patologici. L'apatia è l'estrema protezione del proprio io da un'angoscia altrimenti insopportabile.

I meccanismi di difesa. Ansia, angoscia e apatia sono reazioni più o meno consapevoli del soggetto. Ma esistono anche dei meccanismi di difesa inconsci, appartenenti a qualunque individuo, che possono anche essere espressione della necessità di mascherare o di fingere una condizione di vita migliore di quanto non lo sia in realtà. Tra i più noti i seguenti.

1. *Sublimazione*: è una trasformazione delle forze istintive o pulsionali in modo socialmente consentito e approvato (lavoro, arte, sport...).
2. *Idealizzazione*: ad es. tenere in maniera solo scientifica, senza coinvolgimento emotivo, un corso di educazione sessuale.
3. *Razionalizzazione*: ad es. la volpe che nella favola di Esopo giustifica la propria incapacità dicendo che l'uva è acerba.
4. *Evasione*: ad es. sognare di diventare un Einstein nonostante la bocciatura.
5. *Compensazione*: ad es. le cure dedicate a un animale compensano a volte una mancata maternità.
6. *Formazione reattiva*: ad es. un atteggiamento di rigorismo morale intransigente di una madre verso la figlia può esprimere la tendenza a una libertà di costumi non confessata.
7. *Traslazione*: ad es. aggredire un animale o un oggetto quando non si può aggredire l'avversario.
8. *Isolamento*: ad es. raccontare la morte di un parente stretto senza provare alcuna emozione (isolare un fatto dall'emozione).
9. *Proiezione*: ad es. una persona che ci tiene a far vedere la propria sincerità può pensare che gli altri siano tutti bugiardi.
10. *Annullamento*: ad es. chi controlla più volte la chiusura del rubi-

netto del gas prima di uscire (il secondo atto annulla il primo).

11. *Rimozione*: ad es. un'aggressione notturna può comportare non solo la rimozione (nell'inconscio) della figura dell'aggressore, ma anche il nome della via ove è avvenuto il fatto.
12. *Regressione*: ad es. in caso di malattia ricompaiono atteggiamenti infantili.
13. *Fissazione*: ad es. ripetere un comportamento anche al mutare delle circostanze.
14. *Introiezione*: ad es. quando vedendo un film ci si identifica col personaggio o con la situazione, come se fosse reale.

*

Andiamo a cercarci emozioni forti (momentanee) quanto più la vita quotidiana ci opprime.

Ma che cos'è l'oppressione? Sostanzialmente è il senso di impotenza, cioè la percezione di non poter far nulla di veramente significativo per modificare la realtà o il corso degli eventi.

Ecco perché si vanno a cercare emozioni molto forti nell'immediato: la causa sta appunto nella frustrazione che si prova nel lungo periodo. La sola percezione soggettiva viene ritenuta oggettivamente fondata.

La ricerca dell'emozione forte (adrenalinica) è ovviamente un surrogato della tranquilla serenità, un rimedio illusorio alla propria frustrazione, facilmente strumentalizzabile dai poteri dominanti.

Il pensiero

Il pensiero è la facoltà di conoscere e comprendere gli aspetti generali e universali delle cose, senza dipendere immediatamente, e di volta in volta, dalle singole cose e dagli aspetti isolati con cui esse ci appaiono. Si tratta cioè della capacità di cogliere il reale per "astrazione". Ad es. con la parola "mela" possono essere comprese e identificate tutte le mele del mondo, anche se ogni singola mela può essere diversa dall'altra. Inoltre col concetto di "mela" s'intende un vasto complesso di elementi strettamente integrati: forma, colore, volume, peso, ecc.

Il pensiero è presente in ogni fenomeno cosciente: è l'attività che percepisce, elabora ricordi, coordina immagini, astrae, compara, giudica, ragiona. Abbiamo un pensiero *percettivo* che ci mette in contatto con gli avvenimenti che accadono in noi e nel mondo esterno; un pensiero *immaginativo* che ci rappresenta i dati percepiti o evocati dal passato; un pensiero *associativo* che stabilisce un certo ordine tra i vari fenomeni psichici; un pensiero *affettivo* che elabora le manifestazioni della nostra affettività; un pensiero *volitivo* che presiede ad ogni azione volontaria.

Il pensiero si eleva al di sopra del mondo delle percezioni per formare schemi generali che sono i concetti; esso afferra relazioni e trasforma il materiale fornito dai recettori sensoriali in un sistema di giudizi, attraverso un processo di analisi e sintesi (ragionamenti).

La formazione dei concetti. Presupposto necessario alla formazione del ragionamento è il *concetto*: termine con cui ci si riferisce ad un simbolo astratto e generale che racchiude tutte le caratteristiche più rilevanti, comuni a un gruppo determinato di oggetti o eventi. I concetti si formano perché il nostro pensiero separa nella realtà quello che è utile o essenziale da ciò che è superfluo, ovvero le caratteristiche costanti da quelle variabili. Noi riconosciamo e classifichiamo gli oggetti sulla base dei concetti. Questo processo di schematizzazione dei dati percettivi rappresenta una grande economia di energia e di pensiero. Se dovessimo affrontare ogni oggetto o situazione come se fossero unici e irripetibili, saremmo sopraffatti dalla realtà. I due processi fondamentali per giungere alla formazione di un concetto sono quindi l'astrazione e la generalizzazione.

Il pensiero come giudizio. Si parla di *giudizio esplicito* quando dalla percezione (che di per sé può anche costituire un giudizio implicito) si passa a una riflessione cosciente, espressa verbalmente o per iscritto o in maniera gestuale. L'attività giudicativa consiste nel riunire due percezioni o due immagini o due concetti, stabilendo tra loro un rapporto. Giudicare significa congiungere due termini con una affermazione, o separarli con una negazione. Ad es. il viso di una persona incontrata ci fa venire in mente quello di un'altra persona: questa associazione per somiglianza, per diventare giudizio, richiede che il pensiero decida la verità o la falsità dell'asserzione. Il giudizio presume sempre una qualche certezza, o in positivo o in negativo.

Il pensiero come ragionamento. Quando da uno o più giudizi ricaviamo la validità di un altro giudizio (l'affermazione di un nuovo rapporto), noi elaboriamo un ragionamento. Stabilito un punto di partenza, si cerca di arrivare a un punto finale. Il giudizio di conclusione scaturisce dalle premesse, considerate come evidenti, e dai rapporti logici con altri giudizi che si fanno nel corso del ragionamento. Il passaggio da un giudizio all'altro costituisce il processo della ragione, che è appunto una serie coordinata di giudizi in un tutto organico. Dai dati particolari passiamo, con un procedimento induttivo, ai principi generali e dai principi generali, con un procedimento deduttivo, passiamo alle conseguenze particolari; oppure procediamo per somiglianze, ma il procedimento per analogia non è rigoroso.

Il pensiero nell'età evolutiva. Il pensiero si struttura durante l'età evolutiva, in rapporto alla progressiva maturazione fisica e psichica dell'individuo.

- Nell'*infanzia* la vera attività intellettuale non è ancora comparsa: il pensiero è sorretto da uno schematismo pre-logico, legato ai dati immediati della percezione. Il bambino inizia a ragionare con la forma analogica, che risponde al primo bisogno di "prova", cioè con un procedimento di verosimiglianza che va da un particolare a un altro particolare, detto "transduttivo" (al di là della deduzione). Questo pensiero difetta di analisi, è irreversibile e unidirezionale.

- Il *fanciullo* invece confronta gli oggetti tra loro e ci ragiona sopra, nota le caratteristiche comuni e differenti, intravvede nuovi rapporti, pur nei limiti dell'immediato presente.

- L'*adolescente* supera il ragionamento concreto del fanciullo, basato unicamente sulle azioni e sulla realtà, e sconfina nel campo del pensiero puro, della logica formale (aritmetica, matematica, geometria ecc.), dando così inizio al ragionamento ipotetico-deduttivo, svincolato da ogni dipendenza dal reale.

Caratteristiche essenziali del pensiero logico

Un *pensiero sensoriale* è concreto, un *pensiero intellettuale* è astratto. La capacità di astrazione permette di cogliere l'essenziale di un tutto, di analizzare il tutto nelle sue parti e di riunirle nell'unità della sintesi. Un pensiero logico ha la capacità di riflettere sulle proprietà comuni delle cose, di schematizzarle nella struttura del concetto e di ordinare i concetti in un serie gerarchica, secondo il loro grado di astrazione. Solo attraverso il pensiero logico il soggetto si rende conto di sé e rende conto di sé agli altri.

Da ricordare anche il *pensiero intuitivo*, che ci permette di cogliere la verità non col ragionamento, ma con una specie di illuminazione interna, improvvisa, inconscia. Questo pensiero spesso lo si ritrova (unito al pensiero logico) a capo di molte scoperte scientifiche, ma soprattutto nel campo artistico e religioso.

Ovviamente l'articolazione del pensiero presuppone l'uso della *parola*, sia essa pensata, parlata, scritta o espressa col linguaggio dei sordomuti. Senza il linguaggio che socializza i pensieri, non sarebbe possibile pensare, come senza pensiero sarebbero impossibili il linguaggio interiore ed esteriore. Il pensiero precede, anzi crea la parola, ma la parola, a sua volta, è creatrice di pensiero, perché la parola creata torna al pensiero, lo precisa, lo arricchisce, lo sviluppa.

Il pensiero produttivo

Il pensiero produttivo è quella forma di ragionamento che entra in azione ogni volta che ci troviamo di fronte a una situazione problematica, tale da non presentare possibilità di soluzioni immediate e da non permettere nemmeno l'impiego di schemi di comportamento abituali. Tale situazione, se risolta, porta in genere a una nuova conoscenza.

Su questa particolare forma di pensiero è da vedere il contributo offerto dagli studi sulla Psicologia animale compiuti da Kohler (uno dei maggiori esponenti della Psicologia della percezione). Le sue numerose osservazioni possono essere ricondotte a questo schema: un animale (p.es. uno scimpanzé) è affamato e quindi motivato a prendere cibo; questo non può essere raggiunto direttamente; per farlo l'animale deve risolvere un piccolo problema (p.es. aggirare la gabbia, utilizzare delle cassette o dei bastoni). I risultati mostrano che lo scimpanzé giunge alla soluzione mediante un'improvvisa riorganizzazione del campo psicologico (ciò soprattutto avviene nel momento in cui, p.es., il bastone cambia di significato e diviene da oggetto per giocare a strumento).

Normalmente le difficoltà che impediscono di ottenere la soluzione di un determinato problema sono legate alla tendenza propria del pensiero umano a ricercare dei metodi risolutivi già sperimentati per problemi analoghi. A volte risulta difficile vedere altre proprietà o funzioni in un oggetto che è sempre stato utilizzato in una determinata maniera (p.es. una bottiglia che in una situazione d'emergenza può anche essere vista come "candeliere").

Quando questa fissità dovuta all'abitudine è tale da precludere con un certa forza la soluzione dei problemi, si parla di rigidità mentale. Tuttavia l'individuo, a differenza dell'animale, può distaccarsi dalla situazione, mettersi al di fuori della presenza reale degli oggetti, al fine di cercare la giusta soluzione. In lui si realizza il ragionamento, reso possibile dal fatto che ha raggiunto il pensiero concettuale.

Il pensiero onirico

Freud è stato il primo a occuparsi seriamente dei sogni in maniera del tutto nuova rispetto alle teorie mediche precedenti. Egli riteneva che il sogno, come il lapsus, doveva essere considerato come un fenomeno psichico finalizzato a soddisfare un desiderio inconscio attraverso un'allucinazione visiva che assume il carattere di realtà.

Il sogno è una forma particolare di pensiero in cui non ci sembra di pensare bensì di vivere, accettando in buona fede delle allucinazioni.

I pensieri vengono trasformati in immagini (per lo più visive): le rappresentazioni delle parole o dei desideri vengono trasposte in rappresentazioni di cose, il cui legame con quelle parole o quei desideri non è sempre immediato, tant'è che occorre l'interpretazione di uno specialista.

Nel sogno agisce la censura, che maschera il materiale inconscio prima che possa accedere alla coscienza sotto forma di sogno. Se il desiderio rimosso non ha una sufficiente "copertura", il sogno è regolarmente accompagnato da angoscia, che può anche interrompere il sonno.

Il pensiero onirico segue una logica diversa dal pensiero vigile, creando contatti e legami e coincidenze anche quando non esistono o sono irreali. Le scene visive che costituiscono il sogno rappresentano il contenuto manifesto, dall'analisi del quale si può risalire al contenuto latente.

La memoria

S'intende per "memoria" la capacità di conservare o ricordare le precedenti esperienze. È la memoria che permette la continuità della vita interiore, facendo sopravvivere il passato: senza memoria avremmo solo la percezione del presente. Come potrebbe, ad es., un telegramma che ci comunica la morte di una persona cara avere di per sé la forza sufficiente per commuoverci? La memoria quindi non è solo una funzione specifica da educare con l'esercizio, ma anche una condizione generale di tutta la struttura psichica dell'essere umano.

Memoria/Adattamento. La memoria serve per acquisire informazioni utilizzabili ai fini di un adattamento sempre migliore all'ambiente. Questa funzione cognitiva è tanto più importante quanto più si sale la scala zoologica. Gli animali inferiori, infatti, affidano il loro adattamento alla *memoria genetica*, cioè a quanto trasmesso ereditariamente (in termini fisiologico-biochimici) dai progenitori, e rispondono agli stimoli ambientali quasi esclusivamente con schemi prefissati (innati o istintivi) di comportamento. Gli animali superiori invece possono programmare in modo creativo-inventivo il loro comportamento, sulla base delle informazioni memorizzate nel corso della loro propria esperienza, giungendo persino (nel caso dell'uomo) a modificare l'ambiente secondo le proprie esigenze.

Memoria/Apprendimento. La memoria non è la stessa cosa dell'apprendimento. Quest'ultimo presuppone la capacità di conservare una precedente esperienza e indica la capacità di modificare un comportamento in rapporto a quanto si è appreso. P.es., se un insegnante esige l'acquisizione corretta di 10 formule matematiche, impegna la memoria di uno studente; se poi propone la soluzione di un problema chiedendo di applicare quelle formule, esige l'intervento di un apprendimento. Quindi l'apprendimento serve per scoprire o applicare delle leggi generali di azione nei fatti particolari. Si potrebbe anche dire che la memoria rende semplicemente *testimonianza* di un passato, mentre l'apprendimento dà un *valore* al passato, proprio al fine di comprendere il presente e progettare il futuro. Il fatto di avere una grandissima memoria non sta di per sé ad indicare che si è capaci di apprendimento (in quanto anche i deficienti mentali possono avere una spiccata capacità mnemonica). In sostanza, l'apprendimento lo si verifica nel momento in cui il soggetto deve manifestare il proprio comportamento per adattarsi a un ambiente mutato.

Acquisizione, Conservazione e Ricordo. Il processo mnemonico, di regola, lo si suddivide in tre fasi successive:

- *acquisizione* (fissazione) di determinate informazioni,
- *conservazione* (ritenzione) delle stesse informazioni acquisite, ma non senza il rischio di sottoporle a modifiche qualitative o quantitative (i cosiddetti "errori"); inoltre ciò che è stato acquisito può anche essere perduto o dimenticato ("oblio"),
- *ricordo* (rievocazione) di quanto è stato conservato.

I fattori che influenzano l'acquisizione e la conservazione del materiale memorizzato per un periodo di tempo più o meno lungo, sono:

A *Fattori relativi al soggetto.* Uno stato di stanchezza o di dolore ostacola l'apprendimento. Viceversa, la motivazione interiore, la novità del materiale da memorizzare, l'interesse per l'argomento favoriscono l'apprendimento. Qui si può far notare che il rendimento aumenta sino all'età di 20 anni, poi diminuisce sino a 60 anni, età in cui la media del rendimento è pari a quella dei ragazzi di 11 anni.

B *Fattori relativi al materiale da memorizzare.* Si ricorda più facilmente e più a lungo un materiale dotato di significato, organizzato, raffigurante oggetti concreti (ad es. la melodia di una canzone o un brano di prosa si apprendono meglio di un insieme di note o di parole slegate; una serie di numeri che seguono uno schema logico meglio di una serie di numeri a caso; le figure meglio delle parole; le parole "concrete" meglio di quelle "astratte", ecc.);

C *Fattori relativi alla pratica o all'esercizio.* Vi sono, in questo campo, varie tecniche operative per la memorizzazione:

  1. *il superapprendimento* (cioè quando un determinato materiale viene ripetuto di continuo, a intervalli di tempo crescenti, finché non viene completamente e definitivamente fissato. È noto, in tal senso, che molte attività praticate con costanza per un certo periodo di tempo e poi abbandonate, se vengono riprese sono riattivabili con estrema facilità);
  2. *l'esercizio concentrato* (è una variante del superapprendimento: la differenza sta negli intervalli di tempo, che in questo caso si susseguono a ritmo uniforme);
  3. *l'esercizio frazionato* (qui le prove di apprendimento sono intervallate con delle fasi di riposo. La memorizzazione si ottiene più facilmente che non con l'esercizio concentrato);
  4. *l'apprendimento globale* (consiste nel memorizzare un

materiale nella sua totalità in ogni prova effettuata: ad es. di una poesia di quattro strofe si ripetono ogni volta tutte e quattro le strofe);

5. *l'apprendimento parziale* (consiste nel memorizzare un materiale suddividendolo in tante parti da apprendere isolatamente ad ogni prova: ad es. di una poesia di quattro strofe si ripete la prima finché non la si è appresa, poi la seconda e così via);

6. *l'apprendimento incidentale* (che si verifica quando memorizziamo senza averne l'intenzione, purché ci sia l'abitudine all'apprendimento volontario: p. es. a un soggetto si presenta una serie di figure geometriche regolari, ognuna diversamente colorata, e gli si chiede di anticipare il nome delle diverse figure che si presentano in successione - triangolo, quadrato, ecc. -, finché non ha memorizzato tutta la successione; poi gli si chiede di rievocare il colore di ogni singola figura).

Sull'apprendimento globale si possono fare le seguenti osservazioni:

- esso è indicato per il soggetto che ha un Quoziente Intellettivo relativamente elevato;
- è indicato per il soggetto che deve apprendere una materiale affine a quello che egli usa correntemente;
- è facilitato dall'esercizio frazionato (punto 3), mentre è più difficoltoso con quello concentrato (punto 2);
- è preferibile, perché più efficace, nel caso in cui si debba memorizzare un materiale significativo e unitario.

Organizzazione del materiale memorizzato. La nostra memoria è organizzata secondo sistemi di codificazione multipla. Questi sistemi possono essere:

- secondo il *tempo* (il materiale viene memorizzato seguendo l'ordine temporale in cui è stato acquisito e fissato: ad es. quando si deve raccontare la trama di un film);
- secondo le *categorie di appartenenza* (il materiale viene memorizzato utilizzando un determinato ordine logico: si pensi p.es. a tutti i sistemi di archiviazione e catalogazione di dati, libri, medicine, ecc.);
- secondo le *associazioni contigue* (ad es. le parole aereo-guerra vengono percepite insieme se una nazione è in guerra, anche se non appartengono alla stessa categoria);

- secondo la *suddivisione per gruppi* (ad es. il numero telefonico viene ricordato, in genere, dividendo le cifre per gruppi);
- secondo la *codificazione verbale* (ad es. l'ordine gerarchico dei quattro semi nelle carte da ramino si ricorda con la formula "come quando fuori piove". Relativamente a questo, si è dimostrato che l'accuratezza del ricordo è tanto maggiore quanto più agevole e di rapida esecuzione è la codificazione verbale);
- secondo un *ritmo* (ad es. una poesia in rime si ricorda meglio o si può praticare l'insegnamento di certi contenuti accompagnandolo con brani musicali);
- secondo un *riferimento spaziale* (ad es. i nomi delle persone con cui si è mangiato al ristorante possono essere ricordati risalendo alla distribuzione dei loro posti a tavola).

Il **ricordo** (o rievocazione). Il soggetto recupera quanto appreso e conservato allo scopo di riprodurre la situazione presentata al momento dell'apprendimento. È proprio in questa fase che vengono alla luce quelle modifiche operate nei riguardi del materiale appreso e conservato.

Cercando di dare una classificazione a queste modifiche, si è costatato che esiste una tendenza verso una maggiore *simmetria* (o regolarità o normalizzazione) del contenuto appreso, oppure verso un'accentuazione di certi particolari del contenuto per renderlo più significativo.

Se i ricordi affiorano da sé, abbiamo la riproduzione *spontanea* (automatica); se emergono con l'aiuto della volontà, il ricordo è *intenzionale*. Una volta giunti a consapevolezza, i ricordi spontanei o volontari si strutturano in nuove associazioni. Talvolta riemergono ricordi di un lontano passato, che sembravano irrimediabilmente perduti, e di cui non sappiamo stabilire nessun legame con i contenuti attuali della coscienza.

Non sempre possiamo ricordare ciò che vogliamo (ad es. le esperienze della prima infanzia sono quasi morte, anche se è possibile, tornando nei luoghi della nostra infanzia, che molti ricordi scomparsi da tempo si ripresentino in tutta la loro freschezza). Ci sono esperienze, anche recentissime, che non riusciamo a ricordare, malgrado ogni sforzo, e poi d'improvviso emergono quando non ci si pensava più. Le esperienze degli anni evolutivi sono più vive nella mente dell'anziano rivolta verso il passato che non in quella del giovane o dell'adulto tesa verso il futuro.

Molte cose ancora risultano incomprensibili nel processo del ricordo. Oggi la psicologia tende ad attribuire alla "memoria" in senso stretto una funzione più tecnica ed operativa, mentre al "ricordo" in senso lato una funzione più affettiva ed emotiva (ad es. il ricordo del passato storico, di certi anniversari, di un'offesa subìta, ecc.).

Metodi di studio della memoria. La memoria può essere studiata sperimentalmente, utilizzando la "presentazione seriale" (cioè in serie) di certi elementi (figure, colori, numeri, oggetti, ecc.). Questa tecnica può essere di due tipi:

- *successiva*, nel senso che gli elementi che compongono la serie vengono esposti una alla volta, a intervalli regolari, chiedendo al soggetto di riprodurli;
- *per anticipazione*, nel senso che si chiede al soggetto, dopo che ha già visto tutti gli elementi, di anticipare sempre l'elemento successivo, partendo dal primo.

Queste tecniche sono le più elementari, non le uniche. Realizzate le quali, il soggetto viene sottoposto ad altre prove per misurare la sua memoria. Le quattro fondamentali sono le seguenti:

- *Rievocazione libera* (ad es. ripetere una lista di 10 parole senza seguire l'ordine in cui sono state lette);
- *Rievocazione ordinata* (ripetere una lista di 10 parole seguendo l'ordine in cui sono state presentate);
- *Riapprendimento* (dopo aver appreso una lista di 10 parole, si lascia trascorrere del tempo, poi lo psicologo verifica quante volte il soggetto deve riascoltare la stessa lista per poterla ripetere correttamente);
- *Riconoscimento* (dopo aver appreso una lista di 10 parole, si lascia trascorrere del tempo, poi lo psicologo inserisce queste parole in un'altra lista di 40 parole, chiedendo al soggetto di riconoscerle).

I tempi tra una prova e l'altra di queste quattro tecniche possono andare da un minimo di 2-3 minuti ad un massimo di 48 ore.

Gli esperimenti hanno sempre dimostrato che il metodo del riconoscimento fornisce il più alto livello di prestazione; quello della ripetizione ordinata il più basso.

Tipi di memoria

Memoria primaria (o a breve termine). Consiste nella conservazione immediata di contenuti percettivi (soprattutto stimoli acustici e/o visivi) che permangono a livello di consapevolezza per pochi secondi (ad es. è possibile ripetere sette numeri, visti per pochi secondi, al primo tentativo, ma se i numeri sono 12 ci vorranno almeno 16 ripetizioni; se sono 16 ce ne vorranno 30, e così via: il numero delle ripetizioni, all'inizio, cresce rapidamente, in seguito sempre più lentamente, ma in questo caso la memoria diventa secondaria). La memoria primaria è utilissima nella lettura delle parole, per superare i brevissimi intervalli che s'intercalano fra una parola e l'altra.

Memoria secondaria (o a lungo termine). Questa memoria è caratterizzata da una conservazione permanente nel tempo di moltissime informazioni (tendenzialmente illimitate). Essa consente di conservare e rievocare contenuti che vanno anche al di là della consapevolezza.

Memoria fotografica (visiva). Tendenza a conservare vivacissime le impressioni visive (parole, linee, forme, colori, fisionomia di una persona incontrata una sola volta, ecc.). Il tipo visivo, per apprendere la lezione, la scrive o visualizza la pagina del libro, in modo tale che quando la ripete è come se leggesse mentalmente le singole frasi. Una variante di questa memoria è la memoria *eidetica*, che è posseduta da circa il 10% dei bambini e che si perde col passare degli anni. I bambini eidetici, dopo aver osservato per pochi secondi un'immagine, riescono a "vederla" per diversi minuti, come se fosse davanti a loro, descrivendola nei dettagli.

Memoria uditiva. Tendenza a ritenere le impressioni sonore (ad es. il timbro della voce piuttosto che la fisionomia, il suono della parole più chiaramente delle immagini visive, ecc.). Il tipo uditivo impara la lezione dalla spiegazione dell'insegnante o leggendola ad alta voce.

Memoria motoria. Tendenza a conservare le impressioni di movimento, tanto da non poter rappresentare un movimento senza riprodurlo interiormente. Se il tipo motorio pensa a una danza, avverte le contrazioni dei muscoli e la tensione dei tendini come se stesse ballando.

Nelle rappresentazioni degli oggetti prevale il tipo visivo, mentre nella rappresentazione delle parole prevale il tipo uditivo-motorio, in quanto le parole vengono di regola apprese associando le immagini uditive alle immagini dei movimenti di articolazione fonetica.

Il fenomeno dell'**oblio**. Oblio vuol dire incapacità totale o parziale a ricordare ciò che si è appreso. Da cosa dipende questo fenomeno? Diverse risposte sono state date.

- Teoria del **decadimento**, secondo cui gli eventi molto lontani nel tempo vengono ricordati con difficoltà o dimenticati. Tuttavia, se così fosse, gli anziani non ricorderebbero nulla della loro giovinezza, mentre è vero il contrario, e cioè che per un anziano è più facile ricordare i dettagli di un evento accaduto 50 prima che non quanto è successo il giorno precedente.

- Teoria del **disuso**, secondo cui se un ricordo viene rievocato spesso non si cancella, mentre se non lo è mai, a poco a poco va perduto. Questa teoria però non spiega come mai certi ricordi lontani possono riaffiorare dopo molto tempo, anche se non sono stati rievocati.

- Teoria dell'**interferenza**. È quella più convincente. Si suddivide in tre parti:
  1. **Interferenza pro-attiva**: s'intende il fatto che i ricordi più remoti interferiscono (inibendoli) su quelli più recenti (ad es. se memorizziamo una lista di nomi e, dopo un certo intervallo di tempo, memorizziamo una seconda lista di nomi diversi, la rievocazione delle due liste, dopo un altro intervallo, si dimostra più facile per la prima che non per la seconda, anche se è stata appresa a una distanza di tempo maggiore).
  2. **Interferenza retro-attiva**: Un esperimento famoso è stato quello di Jenkins e Dallenbach del 1924. I due studiosi chiesero a un gruppo di studenti d'imparare delle liste di sillabe senza senso, al mattino, subito dopo il risveglio; un altro gruppo invece doveva farlo alla sera, prima di coricarsi. Dopo un certo periodo di tempo entrambi i gruppi furono interrogati: il secondo ricordava molte più sillabe del primo. Questo perché durante il giorno molti eventi avevano interferito coll'apprendimento portando all'oblio, mentre il sonno, per l'altro gruppo, aveva favorito la conservazione del ricordo.
  3. **Interferenza da rimozione**. È il fenomeno mediante il quale si dimenticano i ricordi che sono fonte di disagio o di ansia. Non si tratta di una perdita totale della memoria, ma piuttosto del fatto che si è incapaci di rievocare il contenuto del ricordo, cioè di farlo emergere a livello conscio.

L'oblio come "economia mentale". Oltre a ciò si può aggiungere che l'oblio, di per sé, non è un fenomeno negativo, in quanto, senza la possibilità di dimenticare, svanirebbe la capacità di nuove acquisizioni. Il continuo lavorìo dei recettori sensoriali e l'attività del pensiero renderebbero talmente ingombra la coscienza di immagini inutili, da paralizzare tutta la vita psichica. Ecco perché l'oblio attenua o cancella del tutto quello che non serve o non è più adatto per l'azione. I problemi sopraggiungono quando l'oblio cancella anche le esperienze utili.

L'amnesia. Consiste nell'incapacità di ricordare determinati eventi (anche azioni, pensieri, conoscenze, ecc.) in seguito ad un trauma psichico o fisico (soprattutto trauma cranico). Nello stato di amnesia un individuo può arrivare a dimenticare persino il proprio nome o anche fatti, persone, notizie... riguardanti un lungo periodo della propria vita passata.

L'amnesia può verificarsi come sintomo di uno stato di "shock mentale" conseguente ad esperienze emotivamente traumatiche (ad es. durante la guerra, dopo uno scontro particolarmente violento, può accadere che alcuni soldati sconfitti che rientrano dalle linee, non riescono a ricordare quanto è accaduto, anche se non hanno riportato ferite).

Uno stato di "shock emotivo" può subentrare anche come conseguenza di un evento traumatizzante o stressante, a livello psicologico, che produca angoscia o panico. L'amnesia, in questo caso, serve al soggetto per rimuovere dalla coscienza il ricordo dell'evento. Questo tipo di amnesia può però essere risolta con la psicoterapia, eventualmente con l'uso di psicofarmaci o, nei casi più gravi, con le tecniche di ipnosi.

Una forma molto interessante di amnesia è quella detta "retrograda", per cui la perdita di memoria procede "all'indietro", col cancellare progressivamente fatti accaduti in un passato sempre più lontano. Quando il soggetto recupera la memoria degli eventi passati, ricorderà prima quelli più lontani, poi quelli accaduti qualche mese prima, infine quelli di qualche giorno prima. Questo tipo di amnesia, che nel passato veniva affrontata con l'elettroshock, conferma la teoria che considera i ricordi più vecchi come quelli più fortemente consolidati nella nostra memoria, e che considera i ricordi come immagazzinati in sequenza, secondo un ordine "storico-temporale", in quanto espressione dell'esperienza di vita del soggetto.

L'intelligenza e i reattivi psicologici

L'intelligenza

In psicologia generale il termine **intelligenza** viene usato per indicare un complesso di fatti (o fenomeni) osservabili, detti comportamenti (ad es. l'intelligenza come capacità di apprendere, come capacità di risolvere i problemi o come adattamento, ecc.). Pertanto sarebbe più corretto parlare di "comportamento intelligente" anziché di "intelligenza" (che sembra rimandare a una facoltà astratta, a un valore morale, a un "bene immateriale").

Quando si parla di "comportamento intelligente" si fa riferimento ad una particolare componente del comportamento osservabile, decisa di volta in volta: ad es., intelligenza potrebbe significare, in un caso determinato, "la capacità di manipolare degli oggetti in modo da connetterli l'uno all'altro, secondo un certo ordine". Se questa definizione la consideriamo accettabile, il problema pratico diventa quello di stabilire "cosa" e "come" manipolare (ad es. infilare in una cordicella dei pezzi di legno forati, di forma sferica e cubica, in maniera alternata). Fatto questo, ci si pone il problema di come "misurare" un comportamento intelligente, cioè un comportamento osservato in una situazione ben definita.

A cosa serve questa misurazione? Per dimostrare che una situazione osservabile è sempre la stessa, sia per i diversi osservatori che decidono di adattarla, sia per i soggetti che partecipano alla prova. Questo consente di osservare di volta in volta il comportamento in condizioni costanti, standardizzate. Solo a queste condizioni è possibile misurare l'intelligenza. Misurare significa quindi confrontare qualcosa di variabile (ad es. una "grandezza": peso, lunghezza, temperatura, ecc.) con un'altra "grandezza" definita e costante (grammo, centimetro, grado, ecc.).

Nei reattivi o test mentali i vari soggetti, in una stessa situazione, possono impiegare un tempo più o meno lungo per eseguire la prova, oppure commettono più o meno errori, e così via. Come criterio di osservazione si può scegliere il rendimento del soggetto in condizioni di osservazione ben definite. Questo significa che nel test non si mette a confronto un soggetto con un altro, né le loro rispettive intelligenze, ma soltanto il loro rendimento specifico in un compito intellettivo determinato. Solo così si può fondare la scientificità della psicometria.

Naturalmente il confronto degli specifici rendimenti deve avvalersi dell'osservazione di molti soggetti da sottoporre a un medesimo test.

Ottenuto un rendimento standard, che va da un minimo a un massimo di punteggio (al disotto o al disopra del quale si hanno intelligenze ipo o iperdotate), si è in grado di prevedere quale rendimento si verificherà in circostanze analoghe, o si è comunque in grado di misurare obiettivamente l'intelligenza specifica di soggetti che l'osservatore non ha mai conosciuto prima e che vengono sottoposti per la prima volta a un determinato test.

Il limite principale di questa procedura consiste nel fatto che le condizioni per misurare l'intelligenza (ad es. i minuti a disposizione o l'obbligo di rispondere "vero/falso") sono piuttosto rigide, stereotipate, cioè tendenzialmente lontane rispetto alle vicende reali della vita quotidiana.

Un test può comprendere un solo tipo di prova (per un tipo di comportamento) o più tipi di prove (sub-test). Ogni test può essere composto di situazioni singole, graduate per difficoltà crescente (chiamate item).

Intelligenza e ambiente

Se il test viene applicato in modo corretto, si ottiene una stima attendibile del rendimento di un soggetto in rapporto alla popolazione di appartenenza (che è quella stessa su cui è stato commisurato il test per stabilire l'Età Mentale delle diverse prove, per i diversi gruppi di Età Cronologica). Ciò significa che il materiale di un test applicato a un vasto campione rappresentativo della popolazione di una nazione, non può essere usato da un'altra nazione semplicemente traducendolo: occorrerà anche adattarlo alla diversa cultura (situazioni, costumi, valori, conoscenze, ecc.).

Questo perché l'influenza delle condizioni ambientali sul Quoziente Intellettivo è così forte che una legge psicometrica esige che le condizioni in cui si effettua il test siano quanto più possibile simili o vicine a quelle proprie dell'ambiente in cui il soggetto vive.

Eredità e intelligenza

L'intelligenza è una caratteristica innata o acquisita? Gli psicologi tendono a considerare questo problema come pertinente alla riflessione filosofica, non alla ricerca scientifica: anche perché, posta in termini così radicali, la questione è ritenuta insolubile.

Oggi la migliore psicologia è giunta alla conclusione che il rendimento intellettivo è frutto di componenti genetiche (i geni del corredo cromosomico) che hanno avuto la possibilità di svilupparsi in determinati ambienti. L'eredità biologica, in altre parole, è una potenzialità che può evolvere a seconda delle circostanze e delle situazioni. Ch'essa esista è dimostrato ad es. dal fatto che il Q.I. dei gemelli omozigoti (cioè geneticamente identici, essendo nati da un solo uovo fecondato, aventi quindi lo stesso sesso) è molto simile, molto di più di quanto non lo sia nei gemelli eterozigoti (cioè nati da due uova diverse e quindi geneticamente diversi). Ma questo non impedisce che l'ambiente possa influenzare in modo completamente diverso la coppia di gemelli.

I reattivi psicologici

I "reattivi psicologici" (S. De Sanctis) o "mental tests" (J. Cattel) sono il tentativo di misurare in modo obiettivo l'intelligenza, sottraendola a valutazioni di tipo soggettivo, che potrebbero trarre in inganno (ad es. la timidezza può portare uno studente ben preparato a conseguire una votazione scarsa. Il test dovrebbe supplire a questa sua difficoltà). La storia dei reattivi è relativamente recente. Alla fine dell'800 si cominciarono a fare degli accertamenti riguardo alle attività psicosensoriali e psicomotorie; in seguito le prove sono state estese alla valutazione dell'intelligenza generale e specifica, delle tendenze e attitudini, della personalità e del carattere. Il metodo dei test viene largamente impiegato nella psicotecnica.

I primi significativi test sono quelli ideati dallo psicologo francese Alfred Binet nel 1905. Egli, con l'aiuto dell'assistente Simon, cercò sia di misurare il grado d'intelligenza dei "deboli mentali" nelle scuole elementari di Parigi, che di verificare se si trattava effettivamente di insufficienza mentale o di disadattamento caratteriale. In seguito vennero elaborati dei test anche per gli adulti.

Età cronologica ed età mentale

Binet era partito da questi presupposti: dopo aver sottoposto a identici esami molti scolari, fece una graduazione dei risultati ottenuti, mettendola a confronto col giudizio complessivo degli insegnanti che conoscevano a fondo quegli stessi scolari. Dopodiché, per ottenere in modo rapido e sicuro un giudizio su determinate caratteristiche (memoria, attenzione, ecc.) di uno scolaro che aveva visto per la prima volta, lo sottoponeva ad una serie di prove analoghe, confrontando il suo rendimento con quello del gruppo campione.

Il reattivo di Binet consiste in una serie di prove a difficoltà crescente (scala); a ciascuna **età cronologica** (E.C.), misurabile in anni-mesi-giorni, corrisponde un gruppo particolare di prove, che impegnano l'intelligenza che lo studente matura a scuola. Binet non aveva messo in discussione il concetto di "intelligenza" in uso nelle scuole francesi.

Il grado di intelligenza raggiunto da uno studente, in rapporto non solo alla sua età, ma anche al **livello medio** degli studenti della stessa età cronologica, viene chiamato con un nuovo concetto psicologico: **età mentale** (E.M.), anch'essa misurabile in anni-mesi-giorni.

L'idea di Binet implicava che lo sviluppo dell'intelligenza attraversa identiche fasi nei vari individui, per cui l'E.M., tipica di una data E.C., esprime un livello medio di efficienza, comune alla maggioranza (cioè ad almeno il 75%) delle persone di quella età, sottoposte al test.

Il concetto di E.M. si basa su due principi fondamentali:

a) esiste la possibilità di valutare il livello di intelligenza di un individuo, qualunque sia il periodo della sua vita;

b) il grado di intelligenza aumenta in una certa proporzione in rapporto all'E.C., ma solo per un certo tempo. L'americano Lewis Terman, che revisionò la scala di Binet, pose il limite massimo di sviluppo mentale approssimativamente a 16 anni, nel senso che l'intelligenza degli adulti, di regola, è pari a quella degli adolescenti normali di 16 anni, a prescindere ovviamente dall'esperienza vissuta. Ciò in pratica significa che per gli anni seguenti il soggetto in esame va considerato come se avesse 16 di E.C.

L'E.M. di un soggetto si ricava dal numero di prove effettivamente superate: possiamo cioè attribuire l'E.M. di 6 anni ad un bambino, quando ha superato tutte le prove relative a quella età. Però può accadere che il bambino sbagli qualche prova dei 6 anni e risolva alcune prove dei 7 anni: in questo caso vengono applicate le **norme di compenso** stabilite dal reattivo, cioè tanti mesi in meno per le prove sbagliate e tanti mesi in più per quelle appropriate ad un'età superiore. Naturalmente è difficile trovare una perfetta corrispondenza dell'E.M. con l'E.C., poiché nell'infanzia lo sviluppo dell'intelligenza è rapidissimo, meno rapido nella fanciullezza e lento nell'adolescenza.

Il Quoziente Intellettivo

Nel 1912 Wilhelm Stern (tedesco esule negli USA) aggiunse al concetto di E.M. la formula di *Quoziente Intellettivo* (Q.I.), che si ricava *dividendo* l'E.M. per l'E.C. Con Binet ci si era invece limitati alla *differenza* tra E.M. ed E.C. Ad es. un soggetto di 16 anni che supera tutte le prove rispondenti all'E.M. di 10 anni, ha un Q.I. uguale a 100 (si moltiplica il risultato della divisione per 100, onde evitare l'uso dei decimali).

L'E.M. e l'E.C. debbono esprimersi riducendo gli anni e i giorni a mesi: i giorni non si contano se non arrivano a 16, mentre da questo numero in poi contano sempre 1 mese. Ad es. se un'E.M. di 9 anni, 5 mesi e 16 giorni corrisponde a 114 mesi, e un'E.C. di 10 anni e 5 mesi corrisponde a 125 mesi, il Q.I. è dato dal rapporto (114:125) x 100 = 91.

Ovviamente per utilizzare un test occorre che l'E.M. sia offerta dal medesimo test, e questo comporta che si siano fatte tantissime prove. Ad es. un soggetto di 171 mesi ottiene un punteggio di 60 all'esame (avendo fatto 60 risposte esatte). La tabella del test dovrà indicare a quale E.M. corrisponde 60. Supponiamo che corrisponda a 216. Il Q.I. non sarà altro che il risultato di questa operazione: (216:171) x 100 = 126. È importante sottolineare che il Q.I. non è la misura di ciò che si è imparato, ma la misura della capacità d'imparare. L'intelligenza non riguarda le cognizioni acquisite, ma la capacità che uno ha di conoscere.

La differenza del metodo di **Stern** da quello di **Binet** è abbastanza netta. Ad es. prendiamo un bambino e un fanciullo con le seguenti E.M. ed E.C.:

E.M.= 6   E.M.= 12
   a) -----¦ 6-5 = 1   b) -----¦ 12-10 = 2
E.C.= 5   E.C.= 10

Secondo Binet il bambino a) ha un anticipo sull'E.C. di 1 anno, mentre il fanciullo b) ha un anticipo di 2 anni, cioè il fanciullo b) viene ad avere una differenza tra E.M. ed E.C. "doppia" di quella del bambino a). Sostituendo invece il rapporto alla differenza, si avrà lo stesso Q.I.:

E.M.= 6   E.M.= 12
   a) -----¦ x 100 = 120   b) -----¦x 100 = 120
E.C.= 5   E.C.= 10

L'anticipo di 1 anno rispetto all'E.C. di 5 anni ha quindi lo stesso significato dell'anticipo di 2 anni rispetto all'E.C. di 10 anni, per cui il fanciullo b) non è più "intelligente" del bambino a).

I limiti del Quoziente Intellettivo

L'Età Mentale presuppone identiche fasi di evoluzione nei soggetti normali. Forte cioè è la tentazione di considerare la mente umana come fatalisticamente regolata nel suo sviluppo, così da non consentire reali trasformazioni negli individui, nel corso del processo educativo e dell'esperienza. È ben noto, tuttavia, che il ritmo di sviluppo varia da soggetto a soggetto, e nello stesso soggetto varia nelle diverse tappe evolutive. In alcuni lo sviluppo è rapido e breve, in altri rapido e a lunga durata, in altri ancora si svolge lentamente in un tempo relativamente breve o relativamente lungo. Inoltre la differenza tra E.M. ed E.C. è più significativa nei soggetti giovani che in quelli anziani.

A tali difficoltà va aggiunta la situazione complessa della prova psicologica: ovvero la tensione emotiva ch'essa può suscitare, l'influsso ambientale, il carattere del soggetto, le conoscenze acquisite, le differenze di educazione... Nell'impiego dei test si valuta solo il risultato finale, e non anche il **processo** che ha portato il soggetto a quel risultato. Infine, bisogna tener conto del fatto che i test si basano soprattutto su un tipo d'intelligenza logico-razionale e matematica, espressione tipica della cultura occidentale.

A causa di queste difficoltà si è cercato di favorire la tendenza a utilizzare il metodo statistico del **centilaggio**. Tale metodo richiede che il reattivo in questione venga prima applicato ad un numero di soggetti quanto più grande possibile, venga cioè standardizzato, in modo da poter distribuire i risultati da 1 a 100 (dal peggiore al migliore), lungo una serie di valutazioni suddivise in 100 parti uguali. La divisione centile comincia con C1, C2, C3...e finisce con C100. Al C50 corrisponde la **mediana** che divide in due gruppi numericamente uguali la serie di valutazioni (vedi figura A). Questi due gruppi vengono ulteriormente suddivisi in quartili, di modo che il "quartile inferiore" va da 1 a 25 e corrisponde al 25%, il "quartile superiore" va da 75 a 100 e corrisponde a un altro 25%; infine il "termine medio" ("gamma interquartile") va da 25 a 75 e corrisponde al 50%. Di regola, in ogni gruppo più o meno omogeneo, i soggetti che fanno parte del "termine medio" sono sempre più numerosi di quelli di ciascun termine estremo. Questa tecnica può essere usata per qualunque cosa (statura, peso, memoria, immaginazione, ecc.)

L'entità numerica ricavata da un reattivo costituisce il "punteggio grezzo", realizzato dal soggetto in esame. Questo punteggio acquista un significato preciso solo quando viene messo a confronto coi risultati ottenuti dall'applicazione del medesimo reattivo su di un vasto numero di soggetti della stessa età. Cioè è in base al posto occupato sulla scala completa dei valori centili, che possiamo sapere se il rendimento del soggetto raggiunge una media elevata, normale o bassa. Ad es., se il punteggio grezzo di uno studente viene a coincidere con C40, per sapere il posto che gli corrisponde nella sua classe di 20 studenti (lui compreso), va applicata la seguente formula:

P = (40 x 20): 100 = 8. Il posto occupato dallo studente nella classe rivela un rendimento inferiore alla media.

Reattivi analitici e sintetici

a) I reattivi **analitici** tendono ad esaminare soltanto una funzione psichica (percezione, pensiero, linguaggio, attenzione, memoria, ecc.). Possono anche verificare certi aspetti della personalità o del temperamento-carattere (sentimenti, interessi, inclinazioni, ecc.). Il più importante test analitico è il **questionario**, la cui validità poggia sull'onestà delle risposte. A volte il soggetto può falsarle senza volerlo. Il desiderio inconscio di distinguersi, di assumere un atteggiamento in base all'ambiente in cui si vive o che si ritiene più accetto all'esaminatore, può far scattare un meccanismo automatico di controllo. Ciò avviene con maggiore frequenza quando gli argomenti trattati non sono familiari; è difficile immedesimarsi in situazioni nelle quali non ci si è mai trovati, oppure rispondere a domande che non ci si è mai posti. Il metodo del questionario è stato inventato dallo psicologo americano Woodworth nel 1917: venne applicato per la prima volta durante la prima guerra mondiale per individuare i soldati eccessivamente emotivi e quindi instabili di carattere.

b) Viceversa, i reattivi **sintetici** analizzano la personalità come una totalità indivisibile. In questo campo, la tecnica dei *metodi proiettivi* è forse la più interessante. Si tratta di interpretare spontaneamente una serie di macchie d'inchiostro, di disegni, figure, quadri, frasi incomplete, parole o altro materiale non strutturato, sul quale il soggetto, dandogli un qualche significato, proietta inconsciamente la propria struttura psichica. Questo metodo, il cui impiego è consigliato ad esperti psicologi, ha il suo diretto antecedente in quello delle *associazioni di parole* dello psicanalista svizzero Jung.

Va detto, per concludere, che in Italia, test, questionari e altri reattivi vengono più che altro utilizzati per introdurre il soggetto al colloquio coll'analista, cioè vengono usati in ambito strettamente psicologico, mentre in quello lavorativo-professionale e scolastico il loro uso è del tutto irrilevante.

Scala delle attitudini primarie (Thurstone)

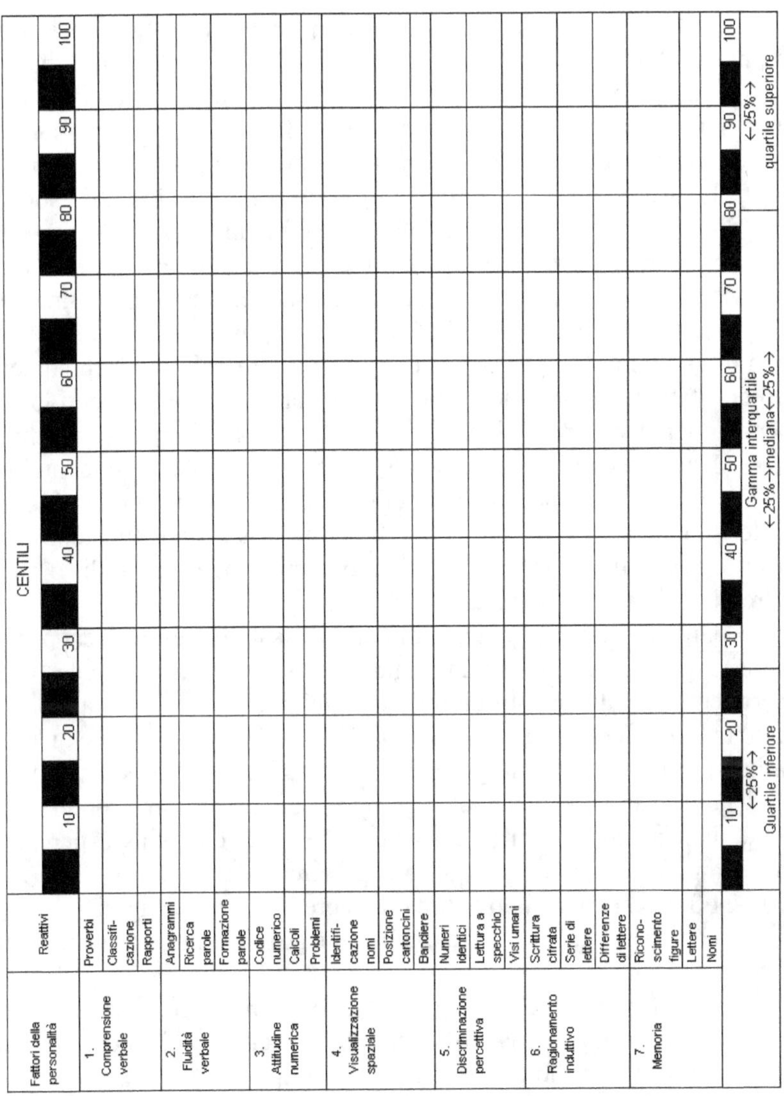

figura A

Gli standard nazionali di valutazione

Nel 1994, fu pubblicato negli Usa un pamphlet che fece molto scalpore, di Murray-Hernstein, *The Bell Curve*, col quale, pur a distanza di 140 anni dalle assurde teorie di Gobineau, si riaffermava che il Quoziente d'Intelligenza degli afroamericani è inferiore a quello degli euroamericani (e, ovviamente, che i ricchi sono più intelligente dei poveri).

Il caso volle che proprio mentre usciva il libercolo, tutti i sondaggi candidavano il generale nero Colin Powell come aspirante alla White House, a testimonianza che i test dell'intelligenza misurano soltanto quello che serve a produrre certi risultati all'interno della cultura dominante.

Quando Binet li escogitò, nel 1904, fu il primo a dire che non erano di grande utilità per stabilire graduatorie di valore tra gli studenti. Però era stato più forte di lui: poiché quand'era studente i docenti lo consideravano uno stupido, voleva che la stessa cosa non capitasse ad altri.

I suoi test dovevano solo servire per individuare gli studenti bisognosi di un sostegno speciale, temporaneo, e non per discriminarli. E prima del suo c'erano stati altri tristi e ben più illustri casi: Einstein, p.es., cui un docente del ginnasio consigliò d'interrompere gli studi, o anche Churchill, ch'era uno svogliato.

Gli americani, tuttavia, cominciarono subito a usare i test per impedire l'ingresso nel Paese a immigrati poco dotati mentalmente. I loro esperimenti pseudo-scientifici furono ampiamente documentati da Jay Gould nel libro *The Mismeasure of Man*. "Un test che può avere un'utilità (limitata) in un determinato gruppo culturale, non ha necessariamente un gran valore se applicato a un altro gruppo" - questa la tesi di fondo.

Poi la moda si diffuse anche in Europa, che, chissà perché, si sente sempre in debito nei confronti degli americani.

I francesi arrivarono a dire due incredibili stupidaggini:
- con P. Broca, che un cervello più grosso significa un intelletto superiore;
- con G. Le Bon, che gli uomini sono più intelligenti delle donne.

Quale scandalo quando si scoprì che eschimesi, lapponi, malesi e tartari hanno un cervello più grande degli europei!

Fatto sta che un'altra pseudo-scienza, quella nazista, cadde negli stessi errori, più o meno volutamente, in quanto si serviva della scienza per ragioni di dominio politico. Il nazismo cominciò a escludere dalla graduatoria non solo neri, ebrei e zingari, ma anche una buona fetta degli euroorientali: gli slavi.

A quel tempo i maggiori antropologi (tedeschi, inglesi e svedesi) erano convinti che il cranio allungato fosse indizio di grande intelligenza.

Dopo le nefandezze degli hitleriani, l'*Enciclopedia Britannica*, in tutta tranquillità, arrivò ad affermare, nel 1964, che i neri avevano un cervello piccolo in rapporto alla statura. Sir Cyril Burt, uno dei maggiori psicologi di allora, era convinto che potesse esistere una scala secondo cui classificare le persone in base alle capacità mentali ereditarie.

Ai giorni nostri la pantomima si ripete: la cantante Madonna è più sveglia di John F. Kennedy, il grande romanziere J. D. Salinger è praticamente un deficiente, e così via.

I quozienti d'intelligenza continuano a essere usati per escludere dal potere o dall'emancipazione le minoranze non gradite, gli "estranei", i "diversi", gli immigrati, i meridionali, le "facce scure", quelli che non si adeguano al linguaggio della "razza padrona".

La personalità

Aspetti generali

Temperamento, carattere e personalità

Ogni persona umana ha sin dalla nascita un fondamento biologico: il patrimonio organico innato che ciascuno riceve attraverso la trasmissione ereditaria (costituzione ereditaria), da cui derivano le forme e proporzioni del corpo (costituzione morfologica) e le modalità di funzioni vitali (circolatoria, respiratoria, digestiva, ecc.) dipendenti dal sistema nervoso e endocrino (costituzione fisiologica). Il complesso di questi elementi determina una iniziale struttura psichica o temperamento: iniziale perché al condizionamento dei fattori ereditari si deve aggiungere quello dovuto ai fattori ambientali, che interessa tutta la vita del soggetto. La personalità è frutto di questi condizionamenti e della reazione a questi condizionamenti.

Con la parola **temperamento** s'intende la risposta psichica naturale al corredo organico ereditario: essa esprime impulsi, tendenze istintive, disposizioni, necessità, stati affettivi...

Il **carattere** invece è frutto dell'iniziativa del soggetto sotto l'influsso dell'ambiente. Nel bambino il carattere non si distingue ancora dal temperamento, la decisione non si distingue dall'impulso, i processi di inibizione sono poco sviluppati, gli schemi mentali sono troppo semplici, ecc.

La **personalità** non solo unifica gli aspetti biologici del temperamento e quelli psichici del carattere, influenzati dall'ambiente, ma crea anche valori, modelli di comportamento, forme di organizzazione sociale in grado di modificare l'ambiente e la stessa personalità.

Fondamenti biologici dell'attività psichica

Tutte le attività psichiche dell'uomo poggiano su un fondamento biologico che si esplica studiando l'uomo dal punto di vista *anatomico* (struttura dei vari organi e apparati) e *fisiologico* (modalità di funzionamento degli organi).

L'organo più importante del corpo umano è il *sistema nervoso*, che regola e coordina ogni altra attività fisiologica e presiede al rapporto organismo/ambiente.

Le funzioni principali del sistema nervoso sono tre:

- *recezione* (attraverso gli organi di senso esso capta i diversi stimoli dell'ambiente o quelli interni dell'organismo);
- *elaborazione/controllo* (attraverso le fibre nervose di connessione gli stimoli giungono al cervello che li rielabora);
- *risposta* (dai centri nervosi altre fibre di connessione ritrasmettono lo stimolo alla periferia: muscoli, ghiandole, ecc.).

Anche negli organismi unicellulari vi sono le fondamentali proprietà funzionali del sistema nervoso: capacità di essere sensibili a determinate variazioni (stimoli) che si verificano nell'ambiente, capacità di reagire a tali variazioni.

Correlato al sistema nervoso vi è quello *endocrino*: un insieme di ghiandole a secrezione interna (gli ormoni prodotti vengono riassorbiti nel sangue e trasmessi a tutto l'organismo). Gli ormoni determinano la crescita corporea, lo sviluppo sessuale, il metabolismo generale e influenzano il temperamento (ad es. l'ipertiroidismo provoca dimagrimento, eccitabilità neuromuscolare, labilità emotiva; viceversa l'ipotiroidismo porta a nanismo, cretinismo, iposessualità...).

Tipologie costituzionali

Il primo tentativo di tipologia scientifica, basata sul metodo puramente descrittivo e non sperimentale, risale a Ippocrate (460-377 a.C.). Secondo la sua teoria, la natura dell'uomo è costituita dal *sangue* (che proviene dal cuore e che, se prevale, determina il tipo sanguigno/impulsivo, cioè vivace, socievole, superficiale, facile all'entusiasmo, incline all'attività), dal *flemma* (che viene dal cervello e che, se prevale, determina il tipo flemmatico/linfatico, portato al sentimentalismo, lento nei movimenti, indeciso), dalla *bile gialla* (che viene dal fegato e che, se prevale, determina il tipo collerico/bilioso, cioè tenace, volitivo, ribelle, con intelligenza rapida, facile all'ira e alle forti passioni), dalla *bile nera* (che viene dalla milza e giunge allo stomaco e che, se prevale, determina il tipo malinconico/atrabiliare, incline alla tristezza, facile alla depressione).

Questa tipologia è rimasta praticamente inalterata sino a Wundt compreso (1832-1920), venendo a incrociarsi:

- con alcune *teorie fisiognomiche*, secondo cui si può classificare una personalità dai tratti del suo volto,
- con la *frenologia*, per la quale singole funzioni psichiche (ad es. l'amore, l'aggressività, ecc.) potevano essere nettamente localizzate in singole parti del cervello, sicché per capire i vari aspetti della personalità bastava esaminare la

conformazione del cranio (linee, bozze, depressioni particolari...).
* A livello di "scienza popolare" si può fare un cenno alla
  chiromanzia, che pretende di leggere il carattere di una
  persona sulla base delle pieghe cutanee del palmo della
  mano.

La prima *scuola costituzionalista*, ad impostazione scientifica, è
stata quella di De Giovanni, Viola e Pende, iniziata alla fine del secolo
scorso. Essa prendeva come punto di partenza il corpo in generale, per
arrivare a classificare gli individui in tre categorie:
* *Brachitipo* (sviluppo del tronco prevalente su quello degli
  arti),
* *Longitipo* (sviluppo prevalente degli arti),
* *Normotipo* (equilibrio).

Un criterio per stabilire a quale categoria appartenga un soggetto
di 25-30 anni si può ricavare dividendo l'altezza per il perimetro toracico;
se il quoziente ottenuto si avvicina a 1,87 il soggetto è quasi normolineo,
se inferiore è brevilineo, se superiore è longilineo. A ciascun tipo costituzionale corrisponderebbe una maggiore facilità a contrarre certi tipi di
malattie. Non esiste un tipo umano ideale, esente da disarmonie.

Tipologie correlazionali

Nel 1922, in Germania, Ernst Kretschmer pubblicò un'opera
scientifica che ancora oggi desta un certo interesse in campo psichiatrico.
A differenza delle scuole costituzionaliste, la sua tipologia si basava su
certe correlazioni fisse tra l'aspetto organico e quello mentale. Partendo
dall'assunto che spesso esiste un'accentuata diversità fisica fra i malati
mentali, Kretschmer s'accorse che al tipo fisico Leptosomico (longilineo)
corrispondeva il tipo psichico Schizotimico, al tipo fisico Picnico (brevilineo) corrispondeva il tipo psichico Ciclotimico. Quando questi tipi caratterologici sconfinano nel patologico si verificano, rispettivamente, la
schizofrenia e la psicosi maniaco-depressiva.

Raffronto psicologico tra lo schizotimico e il ciclotimico (E. Kretschmer)	
Schizotimico (schizo = divido, thymos = stato d'animo)	**Ciclotimico** (cyclo = circolo, thymos = stato d'animo)
Tonalità psichica che oscilla dalla sensibilità all'ipersensibilità, dalla	Tonalità psichica che oscilla dall'eccitazione alla depressione,

vivacità esagerata alla costanza, dall'instabilità all'ostinazione.	dall'allegria alla tristezza, dalla rapidità all'estrema lentezza.
Tensione mentale o attenzione concentrata su una cosa per volta: mette a fuoco i dettagli più che l'insieme.	Tensione mentale o attenzione diffusa su varie cose per volta: mette a fuoco l'insieme più che i dettagli.
Energia psichica notevole: la fatica appare d'improvviso. Preferenza per i lavori più difficili e fedeltà al compito.	Energia psichica limitata: la fatica appare lentamente. Preferenza per i lavori più facili e infedeltà al compito.
Psicosensorialità in genere di grado elevato e rivolta di preferenza alla sensibilità interna. La percezione è orientata più alle forme che ai colori. Preferenza per i colori scuri, a tinta uniforme.	Psicosensorialità in genere di grado elevato e rivolta di preferenza alla sensibilità esterna. La percezione è orientata più ai colori che alle forme. Preferenza per i colori luminosi a tinta vivace.
Psicomotricità in genere inadeguata: manca l'immediata corrispondenza tra l'eccitazione psichica e la reazione motoria.	Psicomotricità in genere adeguata: ora rapida ora lenta, ma sempre naturale e spontanea.
Capacità di apprendimento notevole, soprattutto per il mondo interiore: predomina l'analisi sulla sintesi.	Capacità di apprendimento notevole, soprattutto per il mondo esteriore: predomina la sintesi sull'analisi.
Attività mentale: orientata alla riflessione, all'immaginazione, ai sogni, alle idee, alla soggettività, all'astratto. Spiccata tendenza alle forme pure, all'arte e alle scienze (filosofia, metafisica, matematica, fisica teorica...).	Attività mentale: orientata alla vita pratica, alla realtà, alla natura, all'obiettività, al concreto. Spiccata tendenza alle forme empiriche, agli oggetti palpabili, al positivo, alle scienze pratiche (biologia, medicina, meccanica, ingegneria, ecc.).
Capacità volitiva: tenace, perseverante, ostinata. Fedeltà estrema ai propositi. Continuità nell'azione.	Capacità volitiva: scarsa, ma animatore vigoroso. Infedeltà recidiva ai propositi. Discontinuità nell'azione.
Affettività concentrata su un numero ristretto di persone: unilaterale e tirannica. Tendenza alle grandi	Affettività diffusa più o meno a tutte le persone: multilaterale ma in superficie. Scarsa tendenza alle

passioni. In genere pessimista.	grandi e durature passioni. In genere ottimista.
Socialità: adattamento limitato. Desiderio di star solo o con poche determinate persone. Nemico naturale della moltitudine, intransigente, difficilmente conforme, è ironico, sarcastico, mordace, fanatico per le proprie idee.	Socialità: adattamento completo. Notevole spirito di collaborazione, ricerca spontanea della compagnia. Condiscendente, tollerante, conciliante, comprensivo, espansivo, servizievole, rispettoso delle idee altrui.
Comportamento in genere timido, prudente, riflessivo, riservato, freddo, moderato, pieno controllo di sé, autodominio. Tendenza ad ascoltare piuttosto che a parlare.	Comportamento in genere spavaldo, entusiasta, attivo, agitato, audace, temerario, impulsivo, franco, aperto, cordiale, limitato controllo di sé, scarso autodominio. Tendenza a parlare piuttosto che ad ascoltare.

Questa classificazione, pur essendo molto schematica, ha stimolato altri studi: ad es. quelli dell'americano William Sheldon, negli anni '40. La sua tipologia parte dall'ipotesi che tutti gli individui sono riconducibili a tre fondamentali tipi fisici:

- *Endomorfo*
- *Mesomorfo*
- *Ectomorfo*

cui corrispondono, rispettivamente, tre tipi caratterologici:

- *Viscerotonico*
- *Somatotonico*
- *Cerebrotonico*

Queste tipologie hanno tutte un limite: la pretesa di inquadrare esattamente un individuo in un tipo determinato. Inoltre esse tendono a ridurre i fattori psicologici a quelli biologici. Resta vero tuttavia che certi tratti psicologici permangono con minime variazioni nel corso dell'intera vita. Saperli individuare in tempo può essere molto utile per orientare l'educazione.

QUADRO TIPOLOGICO DI SHELDON	
TIPI FISICI	TIPI CARATTEROLOGICI
Ectomorfico: simile al tipo longili-	Cerebrotonico: simile al tipo schi-

neo di De Giovanni e al leptosoma di Kretschmer. Delicato, ossa piccole, muscoli poco sviluppati, nervi deboli.	zotimico di Kretschmer. Prevalentemente intellettuale, chiuso nel proprio io, introverso. Nervoso, irritabile, timido, inibito. Nemico delle grida, delle esplosioni improvvise, delle manifestazioni rumorose.
Endomorfico: simile al tipo brevilineo di De Giovanni e al picnico di Kretschmer. Predominio della massa viscerale. Il corpo sembra costruito intorno al sistema digestivo. Grosso, rotondo e con tendenza all'obesità.	Viscerotonico: simile al tipo ciclotimico di Kretschmer. Prevalentemente affettivo, espansivo, estroverso. In genere allegro, entusiasta, socievole. Amabile per natura, ricerca la compagnia e le riunioni rumorose.
Mesomorfico: simile al tipo normolineo del De Giovanni e al tipo atletico del Kretschmer. Predominio della struttura ossea e muscolare del corpo. Ossa e muscoli bene sviluppati e forti.	Somatotonico: prevalentemente attivo, energico, aggressivo. Vive per agire, per organizzare, per dominare. Si difende dagli affanni e dalle preoccupazioni quotidiane col lavoro assiduo e operoso.

Tipologie psicologiche

Si basano su un criterio prevalentemente psichico, cioè mettono l'accento sui tratti caratterologici dominanti nella struttura della personalità. Una delle più importanti è quella di René Le Senne (1882-1954), che partendo dal fenomeno della *perseverazione* (scoperto prima in psichiatria e poi confermato in psicologia) arrivò a sostenere che taluni individui tendono a permanere su una data esperienza anche quando lo stimolo è scomparso ed è interrotta l'attenzione. Questa legge d'inerzia della vita psichica ha destato un grande interesse in molti studiosi. La caratterologia tuttavia resta ancora una scienza molto giovane.

Fasi dello sviluppo della personalità

A) La prima infanzia

1. Fase pre-natale

La vita non comincia con la nascita. Il cuore del feto inizia a battere verso la sesta settimana dopo il concepimento. Verso le 20 settimane si costituisce il cervello, coi suoi 12 miliardi di cellule nervose. A partire dal terzo mese il feto risponde con movimenti globali alle stimolazioni interne legate al suo sviluppo (vedi l'alternanza di attività motoria e di riposo). Al sesto mese può rispondere a stimolazioni esterne (p.es. suono/rumore). Molto prima della nascita è sensibile, a livello cutaneo, alla pressione, al dolore e al calore.

È stato dimostrato che in questa fase tutte le condizioni di grave e prolungato stress, ansia, frustrazione, denutrizione, da parte della madre, possono determinare nel feto paralisi cerebrale, epilessia, deficienza mentale, disturbi del comportamento, difficoltà di apprendimento. Conseguenze, queste, rilevabili solo dopo la nascita.

2. Fase neo-natale

La nascita rappresenta un trauma (a causa delle pressioni-contrazioni dell'utero), una metamorfosi (da un ambiente liquido a uno gassoso): è il passaggio da un'esistenza "parassitaria", condotta in un ambiente relativamente stabile e regolato, ad un'esistenza autonoma dal punto di vista fisiologico, condotta in un ambiente molto meno protetto e molto più variabile. Il passaggio avviene in un tempo piuttosto breve e richiede al neonato certe risorse e certi sforzi di rapido adattamento.

Il neonato già possiede uno stato di sensibilità generica relativamente al piacere-dolore e all'aumento-diminuzione delle tensioni, ma si difende dagli stimoli esterni, oltre che col sonno, col fatto che la sua soglia percettiva esclude gran parte del mondo esterno dal suo mondo privato. Per il neonato non esiste ancora differenza tra ciò che proviene da lui ed è interno, e ciò che proviene dall'esterno. Il bambino vede ma non percepisce: non sa che cosa vede, in quanto per lui non esiste tempo-spazio-causa-relazione di qualsiasi genere.

Il neonato reagisce alla luce sin dall'inizio, anche se non è in grado di focalizzare gli oggetti né di percepirli secondo le normali coordinate spaziali (a tre settimane può fissare un oggetto ma solo a due mesi può seguirne uno spostamento lento). Gli stimoli uditivi sono poco avvertiti, a meno che non superino certi valori d'intensità.

Il neonato risponde col riflesso di suzione a stimoli dolci; con smorfie, pianto o alterazione del ritmo respiratorio a stimoli salati-amari. Il freddo provoca il pianto. Dà prova di sensibilità tattile soprattutto nella testa e intorno alla bocca. La stimolazione del palmo della mano (con un oggetto o un dito) provoca il riflesso di presa.

È capace di poppare, inghiottire, vomitare, sbadigliare, starnutire, singhiozzare, volgere la testa per respirare meglio o per allontanare uno stimolo disturbante, ecc. Insomma è provvisto di tutto un corredo senso-motorio pronto a entrare in azione, anche se non possiede alcun quadro di riferimento in cui collocare le impressioni ricevute.

3. Rapporto con la madre

L'esperienza vitale del neonato non è che un ciclo continuo di accumulo-scarico di tensione: l'accumulo a causa dei bisogni primari di alimentazione-calore-riposo; lo scarico invece corrisponde al loro soddisfacimento che produce quiete.

La soddisfazione dei bisogni del bambino è affidata totalmente al mondo esterno e in particolare alla madre, sul piano sia fisiologico che psicologico. La madre rappresenta il primo "Io" del bambino e, nel contempo, la prima persona ch'egli gradualmente (soprattutto a partire dal terzo mese) considera diversa da sé (ad es., risponde col sorriso al sorriso della madre, oppure reagisce alle voci emettendo suoni).

4. Erotismo primario: fase orale

La psicanalisi ha osservato che la suzione non è solo in rapporto con la fame ma anche col piacere. I bambini infatti succhiano anche quando sono sazi o durante il sonno. Ovvero il piacere della suzione, originariamente connesso all'ingestione del latte, diventa una forma di attività edonistica fine a se stessa. La bocca - per la psicanalisi - è anche una zona erogena che origina sensazioni di tipo erotico. Questa tendenza erotica infantile coincide con la fase orale. Si ha una conferma di questo - secondo la psicanalisi - ogni volta che il bambino porta alla bocca gli oggetti che vuole conoscere: in tal modo egli se ne appropria.

5. Dalla fase narcisistica al rapporto oggettivo

All'inizio il bambino è caratterizzato da uno spiccato egocentrismo (fase narcisistica), il quale non gli permette di possedere un vero sentimento della realtà esterna. Un vero e proprio "Io" del bambino non esiste in questa fase, poiché non c'è consapevolezza di sé se manca quella della realtà esterna, cioè degli altri.

Il motivo per cui il bambino è costretto ad assumere questa consapevolezza oggettiva dipende dal fatto che non sempre i suoi bisogni primari vengono immediatamente soddisfatti. Il ritardo fa acquisire al bambino il limite della sua onnipotenza e gli fa ammettere l'esistenza di una realtà esterna.

Gli inizi della socialità del bambino corrispondono alla comparsa della *risposta-sorriso*; poi si verifica il dispiacere quando viene lasciato solo; più tardi subentra il dispiacere quando viene privato di un oggetto. Tra i cinque e i sette mesi sa distinguere la mimica degli adulti, cioè reagisce in modo differente secondo che l'adulto sia arrabbiato o sorridente. A partire dai sei mesi mostra interesse per i *giochi di imitazione* (ad es. "cucù"), è contenuto di riconoscersi davanti allo specchio (il che gli permette di distinguersi dagli altri).

All'età di sei mesi, tuttavia, i contatti sociali coi suoi coetanei sono negativi: o non presta loro alcuna attenzione o li tratta come oggetti, mentre verso i nove mesi s'interessa di loro in funzione delle cose che possiedono.

Verso l'ottavo mese reagisce positivamente ai volti familiari e negativamente a quelli estranei. Si serve, quando è solo o ha fame o sta per addormentarsi, di *oggetti transizionali* (ad es. una coperta, un oggetto particolare) per sostituire la figura materna quando essa è assente: si tratta di un'esperienza illusoria ma gratificante, perché il bambino la può facilmente controllare. Peraltro, grazie all'uso fantastico di questi oggetti nasce l'esigenza del gioco con oggetti familiari.

È stato dimostrato che con un rapporto iperprotettivo, il bambino non si abitua all'angoscia del distacco dalla madre, per cui non compie uno sforzo transizionale. Ciò significa che la sua dipendenza è assoluta e che la separazione dalla madre, anche temporanea, gli può scatenare ansie persecutorie. Viceversa, se il rapporto madre-figlio è molto scarso, il bambino tende ad accentuare notevolmente i suoi sforzi transizionali (simbolici), al punto di essere incapace di una normale comunicativa.

La frustrazione quindi, entro certi limiti, è necessaria alla crescita del bambino, in quanto gli permette di superare il suo narcisismo e di orientarsi verso il mondo esterno.

B) La seconda infanzia

La seconda fase dello sviluppo infantile va, all'incirca, dalla fine del primo anno all'inizio del sesto. Si tende a suddividere questa fase in due momenti: il primo va da uno a tre anni (fase anale), il secondo da tre a sei anni (fase fallica).

1. Conquista dell'autonomia

La conquista della **deambulazione**, allo scadere del primo anno, conferisce al bambino un principio d'indipendenza. Progressivamente si sviluppa la motricità (oltre a camminare, in questa fase si mantiene pulito, è disciplinato nell'alimentazione - se educato -, controlla gli sfinteri, usa come primo mezzo di locomozione il triciclo, progrediscono nel complesso la prensione e la manipolazione. Il gioco resta la sua attività principale).

Sviluppa anche la **fonazione**: quanto più aumenta la facilità comunicativa ed espressiva, tanto più aumenta la possibilità della maturità personale. Ha la sensazione del potere quasi magico della parola: per lui conoscere il nome di una cosa significa impadronirsene; di qui l'insistenza con cui chiede il nome degli oggetti. Tuttavia l'aspetto cognitivo è subordinato a quello affettivo (p.es. il bambino usa nei suoi giochi qualunque oggetto per qualunque scopo).

Il bambino non è del tutto consapevole della propria individualità. Inizia adesso ad acquisire il senso della realtà e ad elaborare le prime forme di giudizio. S'accorge che la sua dipendenza dalla madre diminuisce. Impara a sopportare per periodi sempre più lunghi l'accumulo della tensione. Vive una situazione conflittuale fra il desiderio di agire autonomamente e lo stato di dipendenza dagli altri.

2. Fase anale

La zona anale sarebbe quella ove viene localizzata la libido nel primo periodo: cioè la parte del corpo che acquista maggiore importanza nei contatti con l'ambiente sarebbe l'intestino con le sue funzioni escretorie ("trattenere" o "espellere" le feci avrebbero contemporaneamente un effetto di soddisfazione o insoddisfazione nei riguardi del mondo esterno). Il bambino si rende conto che non può più evacuare appena ne sente il bisogno: egli cioè si scontra con le norme dell'ambiente sociale (il "fare da sé" deve ora tener conto di certi limiti). D'altra parte senza questo senso di frustrazione non c'è sviluppo dell'autonomia. Il bambino però deve comprendere che la frustrazione riguarda tutti, non solo lui, e che serve a regolamentare l'autonomia non a impedirla.

3. Fase fallica

Nel secondo periodo la libido si localizza nei genitali. Il bambino scopre le differenze anatomiche, cui corrispondono - secondo la cultura e a volte secondo l'atteggiamento sbagliato degli adulti, che differenziano le norme educative dei figli sulla base del sesso - diverse modalità di abbigliamento, acconciatura, toilette. In questa fase possono comparire le prime manifestazioni di masturbazione, narcisismo, esibizionismo. La psicanalisi considera i "nevrotici da successo" o i "don Giovanni" una forma di regressione dell'adulto alla fase fallica.

4. Identificazione con i genitori

Identificandosi coi genitori, il bambino matura una prima superficiale coscienza morale, cioè una prima organizzazione di autocontrollo. Se il bambino avverte dentro di sé la presenza dei genitori (che ordinano o proibiscono o rassicurano e proteggono) anche quando essi sono assenti, allora vuol dire che è pronto a una forma di comportamento autonomo. Ciò in quanto non è più solo una minaccia esterna (castigo o privazione) che regola il suo comportamento, ma la consapevolezza interiore di ciò che può e non può fare.

Dopo la frustrazione dello svezzamento, il bambino subisce una seconda delusione quando scopre che non può possedere in maniera esclusiva l'affetto della madre, poiché lo deve dividere col padre (il cosiddetto "complesso edipico", che però la psicanalisi ha notevolmente estremizzato). Di qui i sentimenti ambivalenti che il bambino matura in questo periodo: gelosia e nel contempo ammirazione del padre, in quanto figura dominante a cui vorrebbe somigliare e di cui invidia la forza, la sapienza e a cui vuol bene. A volta il bambino si serve di alcune forme di "ricatto" per attirare su di sé l'attenzione dei genitori: si tratta di comportamenti regressivi, come p.es., succhiarsi il dito, voler essere preso in braccio, farsi la pipì addosso…, coi quali egli chiede quella protezione che teme d'aver perduto.

5. Vita sociale

Il processo d'interazione nel gruppo si sviluppa sempre di più. Nel gruppo il bambino assume responsabilità più precise, ovvero dei ruoli sociali. Il gruppo dei coetanei ha anche una funzione di carattere normativo e disciplinare. I bambini tendono a essere più facilmente amici che ostili tra loro (a meno che non subiscano pesantemente i condizionamenti degli adulti). Le loro amicizie però sono labili. Naturalmente favorisce l'amicizia la somiglianza d'età, d'intelligenza, d'interessi e di socievolezza, nonché la possibilità di svolgere insieme certe funzioni di gioco e di apprendimento.

C) La fanciullezza

1. Evoluzione dell'affettività

In questa fase avviene il superamento del complesso di Edipo attraverso la dinamica del gruppo. Verso i sette anni compare una forma di timidezza, che non è timore degli estranei come una volta, ma bisogno di difendere la propria intimità psichica dalle invadenze altrui: il bambino ha dei segreti che riguardano soltanto lui e prova sentimenti che non proietta immediatamente nell'attività esterna. L'interiorità favorisce una certa doppiezza: compaiono le prime bugie, i primi alibi (l'aumento della severità da parte degli adulti difficilmente sortisce, in questi casi, l'effetto sperato). Gli adulti più significativi sono i genitori, il maestro, i nonni, i genitori degli altri bambini.

Aumenta la curiosità per tutto ciò che concerne il rapporto tra i sessi (procreazione, nascita, sviluppo anatomico). C'è inoltre una tendenza spontanea alla separazione dei sessi a partire dagli otto anni circa. Bambini e bambine cominciano a farsi i dispetti. Si differenziano i loro interessi e giochi (in questo i condizionamenti sociali, a volte, pesano più del dovuto, come quando p. es. si fa giocare il maschio con soldatini, armi, mezzi di trasporto e la bambina con bambole, cucine in miniatura ecc. I modelli socio-culturali sono evidenti: il "maschio" è aggressivo, forte, protettivo; la "femmina" è docile, casalinga, bisognosa di protezione).

2. Sviluppo intellettuale

In questa fase si attenua l'egocentrismo logico/affettivo. Si afferma la dimensione temporale (passato-presente-futuro). Si sviluppa il pensiero logico (la logica è concreta e legata all'esperienza, però utilizza il linguaggio scritto e i simboli numerici).

Questo è il periodo degli interessi oggettivi e astratti: c'è viva curiosità per il sapere, per l'esperimento, c'è abitudine alla decisione, c'è l'esigenza del gioco collettivo, il bisogno di collezionare gli oggetti più diversi, c'è una maggiore cura per le cose personali. Gradatamente il bambino passa dal perché al come delle cose.

Il bambino cerca di applicarsi in molte attività, di distinguersi (il più bravo, il più forte, il più spiritoso...), cerca di realizzare qualche "impresa" in maniera autonoma per superare il senso di inferiorità che prova nei confronti degli adulti.

3. Progressi della motricità

A partire dai sei anni hanno grande importanza i giochi di lotta e acrobazia. Il bambino non gioca più solo per giocare, ma si dà degli scopi: dai più immediati ai più complessi (ad es. può far rimbalzare davanti a sé una palla e riprenderla, ma può tentare anche di maneggiare vari arnesi, come colle, cucitrici, forbici...). Sviluppando l'autocontrollo, la scrittura diventa più regolare, disegno e pittura gli danno grande soddisfazione. Poi viene il momento della mimica e delle smorfie, il salto alla corda per le bambine...

4. L'età scolare

Il bambino fa esperienza di un ambiente indifferente verso di lui sul piano affettivo, nel quale deve da solo cercarsi il suo posto, senza beneficiare dei vantaggi dell'amore dei genitori. Deve adattarsi senza discutere a inevitabili costrizioni cui non è abituato e davanti alle quali falliscono le manifestazioni di seduzione e di affetto così efficaci in casa. Scopre per così dire "l'uguaglianza democratica davanti alla legge", in quanto si misura con esseri uguali a lui. Ha in sostanza l'opportunità di definire da solo la sua condizione e di stabilire rapporti di reciprocità coi coetanei.

Il gruppo assume tanta importanza quanta la famiglia, se non di più. Nel gruppo l'egocentrismo infantile entra in crisi. Egli prende coscienza che nel gruppo il gioco continua, anche senza di lui, non importa con chi. D'altra parte non è lui che sceglie i compagni, ma sono gli adulti, la scuola, il quartiere che glieli impongono. Amicizie più intime e personali si formano all'inizio dell'adolescenza.

A scuola si verifica il fenomeno della delazione, perché ogni bambino desidera compiacere il maestro. Il ricorso all'alleanza di una forza estranea, più potente del gruppo, è tipico del bambino meno socializzato, ma nelle classi più piccole i compagni non pensano di fargliene una colpa: essere in "buoni rapporti" col maestro è motivo di considerazione. Ma a partire dagli otto anni lo "spione" corre il rischio di essere emarginato dal gruppo.

5. Nel gruppo

Nel gruppo il bambino impara a difendere i suoi diritti e le sue idee (prima con musi lunghi, insulti, percosse, poi con la discussione, con le prove, per conquistare il consenso). Ricerca i compromessi, la coerenza, perché ogni contraddizione gli viene rinfacciata con durezza.

Nel gruppo c'è provocazione, rivalità, aiuto reciproco, complicità, intesa per taluni scopi, scambi materiali... Il bambino impara a valorizzare se stesso e gli altri. La critica degli altri lo spinge all'autocritica. È sottomesso all'autorità degli altri ma continuamente la esercita, grazie al controllo reciproco. Scopre una forma di obbligo che proviene da un accordo tra uguali e da un'adesione personale.

Nel gruppo il bambino viene accettato per le sue qualità. È possibile anche che si formino, alla fine di questa fase, le cosiddette "bande", che sono un fenomeno spontaneo, senza intervento dell'adulto. È qui che nascono i primi drammi: emarginazione, capro espiatorio, vittima, autoritarismo di qualche bambino... Generalmente i bambini "impopolari" hanno avuto un sistema familiare chiuso, severo: possono essere conformisti verso l'adulto, ma sono litigiosi verso i compagni; inoltre hanno scarsa curiosità, immaginazione, iniziativa.

Sino alla fine della fanciullezza la banda presenta un carattere autocratico e aristocratico: un capo, circondato dai suoi più "fidati", e poi i "gregari". Intorno ai 12 anni la banda acquista un carattere più democratico. La forza fisica del capo non ha mai molta importanza: ciò che lo rende tale è la sua capacità di non-compromesso con l'adulto. Il potere dell'educatore è minimo in confronto all'attrazione che esercita il gruppo e al prestigio di cui gode il suo capo.

D) L'adolescenza

Relativamente a questo periodo, è difficile fissare dei limiti cronologici, perché spesso non c'è corrispondenza tra età cronologica e livello di sviluppo psico-fisiologico dell'individuo (quindi all'incirca va dagli 11-12 anni ai 18-20, con leggero anticipo per le ragazze).

1. La crisi puberale

È la prima fase che caratterizza questo periodo. Qui compaiono una serie di trasformazioni di carattere biologico. La pubertà inizia con la maturazione dei caratteri sessuali e termina con la maturazione della prima cellula germinale maschile e del primo ovulo femminile, cioè con lo stabilirsi nei due sessi, della capacità generativa.

Queste trasformazioni sono la conseguenza di complesse azioni ormonali, a carico dell'apparato genitale e di tutto l'organismo (ad es. si modifica la voce, aumenta la statura e il peso).

2. La crisi d'identità

Il problema più importante che l'adolescente deve affrontare è quello di costruirsi un'identità personale e un ruolo sociale, staccandosi dal mondo dei pre-adolescenti ed entrando in quello degli adulti.

Lo sviluppo dell'organismo comporta un'attivazione degli impulsi istintivi, non solo sessuali ma anche aggressivi, che limitano le capacità di autocontrollo. Riemergono alcune tendenze impulsive infantili, che parevano scomparse da tempo, come l'inclinazione allo sporco, al disordine, alle piccole crudeltà, all'esibizionismo. La vivacità della fanciullezza si trasforma in aggressività o almeno in insofferenza.

Ciò è dovuto al fatto che da un lato l'adolescente si trova ad affrontare una rinnovata carica istintiva, dall'altro subisce una pressione educativa o normativa da parte dei genitori, che diventa ancor più repressiva in presenza di questo comportamento disordinato e incoerente.

L'adolescente tende a oscillare tra la fiducia negli altri e la diffidenza più nera, tra il desiderio di staccarsi dalla famiglia e il timore di perderne la protezione, tra l'esigenza di conoscere la realtà adulta e la tendenza a rinchiudersi in un atteggiamento di passività o indifferenza, o, al contrario, di protesta contro ogni forma di autorità (sino all'abbandono scolastico, alla tossicodipendenza, alla microcriminalità...).

L'adolescente avverte in sé nuove esigenze: il bisogno sessuale, che non riesce a esprimere subito come istanza etero-sessuale; il bisogno di agire, conoscere, scoprire da sé quello che è importante (di qui l'esigenza di una maggiore autonomia nella gestione del tempo libero); il bisogno di stabilire dei legami nuovi, di trovare nuovi modelli (di qui l'esaltazione degli "idoli" sportivi, cinematografici, canori, radiotelevisivi...).

L'adolescente inizia a ragionare in maniera ipotetico-deduttiva, a fare cioè dei ragionamenti personali, sulla base di interessi sociali, razionali, estetici, morali o religiosi. Ciò che lo preoccupa di più è il futuro, ovvero la difficoltà di raggiungere una posizione di prestigio.

3. Il rapporto con i coetanei

Durante l'adolescenza assume sempre più importanza l'esperienza di gruppo, che svolge una funzione di rassicurazione. Il timore suscitato nel giovane dai suoi stessi impulsi, dal senso di frustrazione, le forme d'insicurezza nell'agire, le espressioni verbali estremistiche e decisioniste: tutto ciò trova nel gruppo una possibilità di sfogo, di libera espressione, di compensazione.

Lo stare insieme diventa un mezzo per sentirsi più sicuri. L'accettare norme, abitudini, gergo e mode del gruppo diventa un mezzo per riconoscersi in una nuova identità (che questa volta è collettiva). Ci si libera dalle ingenuità della fanciullezza, dallo stato di totale dipendenza dai genitori (del cui affetto o protezione ancora non si può fare a meno). Naturalmente più la famiglia è in crisi e più il gruppo (o l'amicizia con un coetaneo) diventa importante agli occhi del giovane: spesso anche il fratello o la sorella maggiore fa da tramite tra la famiglia e il mondo esterno.

Migliora insomma la capacità di autodeterminarsi: sia attraverso l'adattamento all'ambiente che attraverso lo sviluppo dell'introspezione e la partecipazione al gruppo. Questa partecipazione è ovviamente legata ai valori o ideali che il gruppo stesso rappresenta, da quelli più complessi a quelli più semplici (si pensi alle associazioni religiose, sociali, umanitarie, politiche, sportive...). Come leader viene scelto il ragazzo più dotato intellettualmente, più informato, più critico... Le differenziazioni sessuali vanno scomparendo.

Gioco e lavoro

La funzione del gioco nella vita psico-fisica

Il gioco rappresenta un esercizio fondamentale nella strutturazione della personalità, specialmente di quella in età evolutiva. Teorie psicologiche o biologiche hanno cercato di spiegarne la ragione:

1. *Gioco come superfluo di energia*, secondo cui il soggetto dispone di un'eccessiva carica energetica che ha bisogno di scaricare, facendo qualunque tipo di gioco. È stato però osservato che a volte il bambino (se l'interesse persiste) gioca anche dopo l'insorgere della stanchezza; inoltre la teoria, non spiega il motivo per cui un bambino sceglie un gioco piuttosto che un altro.

2. *Gioco come residuo di funzioni ataviche*, secondo cui il soggetto riproduce spontaneamente alcune attività, dei lontani predecessori, che oggi appaiono inutili. Ad es. la lotta soddisfa una tendenza ancestrale; attuandola il soggetto se ne libera, in quanto considera l'avversario un partner indispensabile. Giocare molto da bambini (insieme ad altri bambini) significa avere più probabilità di socializzare bene da adulti, ovviamente senza automatismi forzati. Questa teoria è comunque strettamente legata alla legge bio-genetica di Haeckel, secondo cui lo sviluppo dell'individuo ricapitola l'evoluzione della specie (ad es. bambino = uomo primitivo). Questa teoria però, se può spiegare giochi come la lotta, la corsa, l'inseguimento, la caccia..., non può spiegare molti altri giochi frutto dell'imitazione dell'adulto da parte del bambino.

3. *Gioco come funzione e conservazione dello sviluppo*, secondo cui da un lato esso sviluppa e conserva le funzioni utili alla vita adulta e, dall'altro, agisce come una valvola di sicurezza per scaricare l'energia di alcune tendenze antisociali che l'individuo si porta con sé dalla nascita. Questa teoria però non spiega il gioco negli adulti.

4. *Gioco come esercizio preparatorio*, secondo cui l'attività ludica ha il compito di esercitare funzioni biologiche che saranno poi utilizzate nella vita adulta (ad es. il gattino salta sul gomitolo che gli rotola davanti e lo addenta, come in seguito farà col topo). Questa teoria è stata accettata da pedagogisti come Froebel, Claparède e Decroly.

I giochi infantili

a) Di *esercizio senso-motorio* (primi mesi di vita). Il gioco fatto per il solo gusto di esercitarsi, verificando le proprie capacità; dapprima l'attenzione è verso il proprio corpo, poi si sposta verso gli oggetti.

b) *Simbolici* (dai 18 mesi ai 6 anni). Attraverso l'immaginazione e l'imitazione, il bambino rappresenta un oggetto-persona-situazione che non sono presenti, ma che fanno parte della sua esperienza; il bambino drammatizza il mondo interiore della fantasia per mantenere l'equilibrio psichico; gli oggetti vengono usati non solo per le loro proprietà funzionali e materiali, ma anche per quelle simboliche, che il bambino attribuisce loro: ciò ovviamente presuppone una certa capacità di analisi del contenuto di un ricordo che il bambino vuole utilizzare.

c) *Regolamentati* (a partire dai 6 anni). Questi giochi subentrano quando il bambino sviluppa la sua socializzazione, cioè dopo aver acquisito un certo grado di adattamento alla realtà e di tolleranza alle frustrazioni (in questi giochi infatti deve accettare la sconfitta e non infierire sull'avversario in caso di vittoria). Le regole possono essere tradizionali (quelle tramandate) o frutto di accordi momentanei: l'importanza del loro rispetto è fondamentale per la riuscita di questi giochi.

d) *Hobbies* (a partire dai 6 anni). Vengono intrapresi per puro piacere, ma sono sottoposti alla realizzazione consapevole di uno scopo, che a volte può durare anche tutta la vita, se le gratificazioni ch'essi forniscono si fanno col tempo sempre più considerevoli (ad es. gli scacchi o la raccolta dei francobolli). Si pongono quindi in una via di mezzo fra il gioco e il lavoro.

Il lavoro

La capacità di giocare si trasforma in capacità di lavorare quando sono state raggiunte le seguenti condizioni:

a) capacità di controllare o modificare gli impulsi, che da aggressivi-distruttivi devono diventare costruttivi;

b) capacità di portare avanti piani prestabiliti, trascurando il piacere immediato, le frustrazioni momentanee, e pensando invece al risultato finale;

c) capacità di passare dal principio del puro piacere (fonte di egocentrismo) al principio di realtà, che permette di vivere il piacere nel rispetto delle regole sociali.

Lavoro manuale e intellettuale

È necessario armonizzare il lavoro manuale con quello mentale, sia per creare una personalità psico-fisica equilibrata, che non abbia difficoltà a muoversi nelle varie situazioni che incontra; sia per impedire che si formi - come spesso invece succede - la discriminazione del lavoro manuale rispetto a quello intellettuale. I fatti purtroppo dimostrano che questa unità di energia muscolare e psichica tende a spezzarsi man mano che l'adulto si specializza in una determinata attività lavorativa.

L'adattamento al lavoro

Il lavoro scolastico o professionale, eseguiti per un certo tempo, rivelano un decorso caratteristico che presenta la forma di una "curva". Si devono all'italiano Angelo Mosso le prime ricerche sul lavoro muscolare e la sua rappresentazione grafica, detta *Ergogramma*; successivamente lo psichiatra tedesco Kraepelin estese queste ricerche al lavoro psichico, elaborando lo *Psicoergogramma*.

Le fasi sono le seguenti:

a) *Fase di spinta iniziale*. La novità del lavoro e il desiderio di mettersi in evidenza danno l'avvio allo slancio iniziale verso un buon rendimento. Il fenomeno però è di breve durata.

b) *Fase di adattamento*. È il periodo di ricerca del ritmo più adatto alla propria natura psico-fisica per l'esecuzione di un particolare compito. Il rendimento cala ma è più costante.

c) *Fase di massimo rendimento*. L'equilibrio del rendimento porta a migliorare l'esecuzione in precisione e rapidità.

d) *Fase decrescente*. Graduale diminuzione del rendimento per l'insorgere della fatica: spreco di energia, senso di stanchezza e di frustrazione.

e) *Fase di spinta finale*. Il piacere dell'approssimarsi della fine del lavoro provoca nel soggetto un lieve progresso, che però dura poco.

Queste fasi possono essere verificate nell'arco di un'ora, come nell'arco di un'intera vita (si veda ad es. il rendimento di un giocatore di calcio).

Il problema della fatica

Esiste uno stretto legame tra attività lavorativa e personalità del lavoratore.

Vi sono fattori *soggettivi* (inerenti alle risorse psico-fisiche), come ad es. l'abitudine allo sforzo continuato, la capacità di concentrazione, l'autocontrollo ecc., che aumentano il rendimento qualitativo-quantitativo del lavoro e ritardano l'insorgere della fatica. Questi fattori però, non sufficientemente stimolati da gratificazioni, forme di promozione o carriera, significatività delle cose che si fanno, ecc., possono non aumentare affatto il rendimento.

Vi sono fattori *oggettivi* (inerenti all'ambiente di lavoro) che possono favorire l'attività lavorativa: igiene dei locali, il guadagno, la stima dei colleghi, le garanzie previdenziali, assicurative, ecc. Un'aula scolastica troppo piccola o troppo grande rispetto al numero degli studenti, illuminata male, senza pannelli antiacustici, sporca o fredda o troppo calda, con una lavagna troppo piccola, priva di cartine geografiche, dotata di un solo armadietto - non favorisce certo l'impegno dei ragazzi. Peraltro, i bambini e i fanciulli (oggi anche molto adolescenti) tendono a smettere di lavorare appena avvertono i primi sintomi della stanchezza (fatica soggettiva): il che li porta ad accentuare le difficoltà reali dei loro compiti.

Vi sono poi i fattori *sociali*, connessi al tipo di vita collettiva di una determinata società, che possono condizionare negativamente, pur in presenza di molti fattori ottimali dal punto di vista soggettivo e oggettivo; o, al contrario, possono influenzare positivamente, pur in assenza di molti fattori ottimali. Ad es. se in una società, attraverso i suoi mass-media, si dà una netta prevalenza all'immagine, rispetto alla parola scritta, lo studente a scuola, dovendo studiare sui libri di testo, si stancherà molto prima. Come noto, l'insorgere precoce della fatica riduce il controllo dei propri movimenti e rallenta il potere delle inibizioni automatiche e volontarie (cui si riallacciano, peraltro, quasi tutti gli incidenti).

L'indice di robustezza costituzionale

Il Piquet ha ideato un indice di robustezza, ricavato da numerose e precise osservazioni: si ottiene sottraendo all'altezza il peso del corpo, sommato al perimetro toracico.

Costituzione	quando l'indice
molto forte	è meno di 10
forte	è fra 11 e 15
buona	è fra 16 e 20
media	è fra 21 e 25
debole	è fra 26 e 30

| molto debole | è fra 31 e 35 |
| debolissima | è più di 36 |

Il gioco in pedagogia

L'idea di introdurre il gioco nel campo educativo risale a J. J. Rousseau. Prima di lui la scuola era concepita solo per un lavoro serio e disciplinato, dove l'allievo doveva imparare a memoria determinate nozioni e acquisire determinati comportamenti, in un clima di severità, ubbidienza e distacco, ottenuto anche a costo di punizioni fisiche.

L'importanza del gioco era già stata riconosciuta presso i Greci e i Romani, ma si trattava di una materia di studio (*teorica*, nel senso che si imparavano molte regole; *pratica*, nel senso che si svolgevano esercizi più che altro ginnici). Il gioco non era né spontaneo né piacevole.

Bisogna aspettare i pedagogisti moderni, come Pestalozzi, Herbart e Froebel, perché si realizzi un'impostazione psicologica ed educativa dei giochi infantili. Froebel, ad es., mette a disposizione dei bambini, riuniti nel "giardino d'infanzia" (la loro scuola), una serie di "doni" capaci di stimolare l'attività simbolica, evocativa, fantastica del bambino (ad es. egli pensava che la sfera potesse far maturare nel bambino l'idea del movimento, il cubo l'idea del riposo, ecc.).

Presto ci si accorse che i "doni" erano troppo astratti e che il bambino aveva bisogno di giocare con cose più agganciate alla sua vita quotidiana. Inoltre si capì che le combinazioni dei giochi imposte dall'insegnante ostacolavano la spontanea manifestazione dell'iniziativa individuale.

La Montessori invece ha cercato di graduare il materiale ludico alla maturità psicologica del bambino, col fine specifico di sviluppare le funzioni senso-motorie. Il bambino cioè veniva educato a riconoscere, attraverso il gioco, le sue diverse attività senso-motorie. Ma in tal modo - è stato obiettato - si valorizzavano poco le idee tipiche della vita infantile.

Infine, Dewey, Decroly, Claparède hanno cercato di fare del gioco un mezzo per sviluppare integralmente la vita psico-fisica del bambino.

Psicopatologia dell'età evolutiva

Quando, per una causa qualsiasi, si determina uno squilibrio tra il progredire dell'età anagrafica e lo sviluppo dell'attività intellettiva, operativa o comportamentale, si possono usare due termini per indicare tale squilibrio:
- *immaturità*, se c'è un rallentamento globale dello sviluppo (qui si parla anche di disadattamento o disturbo della personalità);
- *insufficienza* o deficit (intellettivo, motorio, sensoriale), se c'è un "blocco", prevalentemente di ordine biologico e neurologico.

L'handicap è da considerarsi una disabilità di natura fisica, psichica o intellettiva, clinicamente accertabile. Lo svantaggio è una condizione più propriamente legata a carenze familiari-affettive, a situazioni di disagio socio-economico, a deficienze culturali e linguistiche (scarse stimolazioni intellettuali). L'handicappato è anche uno svantaggiato, mentre il contrario non è vero, anche se alcuni casi di deprivati affettivi si comportano come handicappati. Può anche accadere che condizioni di handicap motorio, percettivo o sensoriale, malamente affrontate, portino a forme più o meno acute di disadattamento (scolastico), o che forme di disadattamento familiare influiscano sul profitto scolastico, anche se il soggetto proviene da una famiglia socialmente elevata.

Anomalie dello sviluppo psicomotorio

C'è una complessa interdipendenza tra componente fisiologica e psicologica: lo sviluppo motorio facilita quello mentale e viceversa. Il bambino motuleso può presentare anomalie riguardanti: arti, equilibrio posturale, deambulazione, uso di braccia e mani, articolazione del linguaggio (con deformazioni congenite), poliomielite, paralisi spastica, epilessia, distrofie muscolari progressive...

Le alterazioni della motricità, in sintesi, possono essere di tre tipi:
- per difetto: paralisi (perdita della capacità motoria), paresi (diminuzione della capacità);
- per eccesso: spasmi, tic, tremori, convulsioni, ecc.;
- per scoordinazione: mancanza di coordinazione dei movimenti, incapacità ad eseguire una sequenza di movimenti in successione, ecc.

Un esempio concreto: la *sindrome epilettica*. La crisi epilettica è uno stato transitorio di ipereccitazione cerebrale. Vi sono diverse forme di epilessia. Le manifestazioni più comuni: improvvisi attacchi convulsi in condizioni di apparente benessere; vissuti psichici di angoscia, paura, estraneità, allucinazioni... L'inizio è contrassegnato da un grido rauco e improvviso; segue il pallore e la perdita di coscienza; a volte il soggetto tenta di procurarsi contusioni o ferite; irrigidimento di tutta la muscolatura, scatti e tremore generalizzato con rotazione dei bulbi oculari; protensione della lingua e difficoltà-arresto della respirazione; perdita di saliva e sudorazione.

Un caso particolare: il **mancinismo**. L'uso più agevole e sicuro di una metà del corpo rispetto all'altra (prevalenza laterale) è legata alla dominanza laterale (asimmetria funzionale) di un emisfero cerebrale rispetto all'altro. Dopo circa il nono mese di età comincia a manifestarsi la dominanza laterale, che nel 75% circa degli individui porta a una prevalenza laterale destra spontanea e completa. In questo caso l'emisfero dominante è quello sinistro, poiché le vie anatomiche della motricità che scendono dall'encefalo per raggiungere i rispettivi muscoli sono incrociate. Il mancinismo è più frequente nei maschi.

I bambini con deficit sensoriali

Si dividono in tre grandi gruppi:

Difetti visivi (presbiopia, miopia, astigmatismo). È possibile individuarli prestando attenzione a certa sintomatologia, prima ancora di sottoporre il bambino a esami oculistici: in classe, segni di stanchezza, insofferenza, disattenzione eccessive, errori di trascrizione o interpretazione (dal libro o dalla lavagna).

Non-vedente: va educato al movimento, affinché recuperi fiducia nel proprio corpo; va sviluppata l'educazione senso-percettiva (tatto, odorato, udito) perché stabilisca il rapporto con l'ambiente. Anche se la memoria può essere molto ricca e vivace, il soggetto non-vedente non ha vissuto nell'infanzia delle fasi dell'esperienza umana molto importanti: rappresentazione mentale, imitazione, movimento esplorativo, ecc. Se non educato alla valorizzazione di sé, il soggetto può facilmente chiudersi in se stesso (dondolio, tic, atteggiamenti posturali anomali, fasi iniziali di autismo). Il sistema Braille può aiutarlo a seguire le lezioni e a scrivere.

Non-udente, muto, sordomuto: bisogna intervenire il più presto possibile, con esercizi di articolazione e fonazione, con lettura labiale, altrimenti il soggetto tenderà a isolarsi (più del non-vedente) o a comunicare solo in modo molto approssimativo o solo con altri come lui. Sarebbe opportuno che la scuola insegnasse anche questo tipo di linguaggio ai soggetti normali.

La sordità che si manifesta prima dei 6-7 anni può portare al mutismo se non s'interviene in tempo. Il mutismo psicogeno può essere considerato anche come un atteggiamento di difesa nei confronti di certi ambienti.

Le anomalie del linguaggio

Le più note sono le seguenti:

- *dislalia* (difetto di conformazione organica che porta ad alterazione dell'organizzazione dei suoni e delle lettere che compongono la parola: può essere connessa a sordomutismo, balbuzie, blesità, ecc.);
- *disgrafia* (difficoltà esecutiva della scrittura: porta ad una grafia poco chiara e difficilmente comprensibile);
- *dislessia* (difficoltà ad automatizzare la corrispondenza fra i segni grafici e i suoni: comporta una lettura faticosa, lenta e scorretta);
- la *disortografia* (difficoltà nell'aspetto costruttivo della scrittura: si manifesta con frequenti errori ortografici);
- la *discalculia* (difficoltà nei calcoli e ad operare con i numeri);[4]
- *disfasia* (alterazione del linguaggio - nel senso di incapacità a ordinare le parole - dovuta a lesione dei centri cerebrali. Afasia se il linguaggio è del tutto assente);
- *dislogia* (alterazione del contenuto del discorso. Connessa alla psicosi).

Vari difetti di pronuncia:

- *balbuzie*. In genere compare tra i 3 e i 7 anni. Consiste in uno squilibrio tra velocità di ideazione e di verbalizzazione. L'origine è spesso ambientale-familiare o emozionale-nevrotica. Ma sulle cause i pareri sono molto discordi: nei balbuzienti si osservano timidezza, insicurezza, oppositività...;
- *blesità*. Pronuncia difettosa di singoli suoni per soppressione o sostituzione di consonanti (L-R-G-Z...);

---

[4] Nelle scuole i docenti sono sempre più sollecitati ad affrontare, con l'aiuto di psicologi dell'età evolutiva, con strategie di facilitazione e strumenti compensativi-dispensativi, la situazione degli alunni cosiddetti DSA (Disturbi evolutivi Specifici dell'Apprendimento).

- *disartria*. Interruzione, omissione, sostituzione di sillabe.

Anomalie dello sviluppo intellettivo

Quali sono le cause che possono comportare una lesione più o meno generalizzata del sistema nervoso centrale, con conseguente compromissione dello sviluppo intellettivo?

- *Cause preconcezionali*: condizioni morbose esistenti nei genitori prima del concepimento (malattie infettive: sifilide o AIDS; intossicazioni come alcolismo, tabagismo, tossicomanie...; carenze alimentari; neuropsicopatie: nevrosi, psicosi...; anomalie genetiche);
- *cause concezionali*: consanguineità, incompatibilità del fattore RH (se la madre non lo possiede e il padre sì, il feto lo eredita, ma il sangue materno produce anticorpi che distruggono i globuli rossi del feto. La gravidanza s'interrompe o il feto nasce cerebroleso);
- *cause gravidiche*: durante la gravidanza, i traumi psichici, fisici, le infezioni e intossicazioni, malattie del metabolismo (specie il diabete);
- *cause natali*: durante la nascita, i traumatismi ostetrici (forcipe, ventosa...) e asfissia;
- *cause post-natali*: durante la vita, le malattia del sistema nervoso centrale (lesioni traumatiche, vascolari, tossiche, infettive...), ma anche ipoalimentazione, rachitismo, carenze vitaminiche, ecc.

Una classificazione molto diffusa delle anomalie intellettive fa riferimento al Quoziente Intellettivo:

- normale (110-90),
- deficit lieve (90-80),
- deficit medio (80-60),
- deficit grave (60 e livelli inferiori).

Nevrosi e Psicosi

Sono questi i due gruppi principali di malattie psicologiche. A differenza di quanto avviene nelle psicosi, nelle nevrosi il contatto con la realtà non è perduto, anche se è vissuto in maniera distorta e sofferta. Il nevrotico è consapevole del suo stato e vorrebbe liberarsi della sua malattia, e può anche farlo se non raggiunge lo stadio psicotico.

Nevrosi ansiosa: ansietà diffusa, generalizzata, permanente, slegata da oggetti particolari, ricca di dubbi e incertezze rivolti al passato-presente-futuro. Sintomi: irritabilità, tremori, insonnia... curati spesso con tranquillanti-sedativi. Quando quest'ansia s'indirizza verso un oggetto o situazione (che appaiono minacciosi), la nevrosi diventa fobica, ossessiva, isterica.

- *Nevrosi fobica*: mentre la paura è motivata da una causa oggettiva e proporzionata, la fobia invece è una paura simbolica, perché è passata da un oggetto originario (rimosso nell'inconscio) ad un altro oggetto di per sé innocuo o comunque inadeguato a suscitare una nevrosi. L'oggetto esterno è l'equivalente simbolico di un pericolo interno. Sintomi: timore dello spazio aperto o di attraversare una piazza (agorafobia), timore di rimanere chiuso in un ambiente ristretto-soffocante (claustrofobia), timore della folla, del buio, di certi animali...
- *Nevrosi ossessiva*: il soggetto ha dubbi insistenti su aspetti relativamente marginali dell'esistenza (chiudere il gas, la porta, le luci...); certi dubbi condizionano pesantemente il suo comportamento (l'ordine, la puntualità, la simmetria, la pulizia). Il rituale ossessivo si esprime anche nell'esigenza di ripetere determinate frasi o di contare oggetti, figure, persone o di compiere gesti particolari (di tipo superstizioso e scaramantico).
- *Nevrosi isterica*: il soggetto si presenta come persona suggestionabile, mitomane, che vive tutte le sue esperienze in modo esagerato e poco consistente, che ama esibire i suoi sintomi di fronte agli altri, che nega molti aspetti della sua esistenza. Sintomi: convulsioni, urla, semincoscienza, verbalizzazioni confusionali, eccessi di riso o pianto, di starnuti o singhiozzi...

Malattie psicosomatiche. Non sono malattie mentali, ma dell'organismo fisico, che risentono però di una conflittualità psicologica di ordine emotivo (ad es. ulcera, asma, ipertensione, colite...). L'organo fisico malato assume un valore simbolico del conflitto emotivo.

Psicopatie. Viene detto psicopatico chi assume comportamenti chiaramente anti-sociali, in quanto non tollera frustrazioni e ostacoli, esitazioni e rimorsi. I suoi conflitti interiori sono molto primitivi, inconsci e simili a quelli psicotici. Sintomi: atteggiamenti provocatori, capacità di manipolare gli altri e di far ricadere la colpa su di loro, rifiuto di ogni intervento terapeutico...

Nevrosi infantile. È espressione di un conflitto tra le pulsioni affettive e le capacità di controllarle ed esprimerle in modo socialmente accettabile. Esiste quindi un'esperienza affettiva traumatica, cioè una situazione emotiva inadeguata per la personalità del bambino. Naturalmente l'esperienza può essere vissuta dal bambino in maniera angosciante, senza che effettivamente lo sia. In genere la nevrosi infantile esprime una nevrosi familiare. Nei primi tre anni di vita possono insorgere conflitti affettivi nel rapporto madre-figlio (ad es. pianto ansioso e incontrollabile, rifiuto del cibo, vomito, diarrea, colite, disturbi del sonno...). Spesso è la sensazione d'impotenza che porta il bambino alla nevrosi infantile. Durante i 4-5 anni le nevrosi infantili dipendono molto all'incapacità a distinguere la realtà dalla fantasia.

Psicosi. Nelle psicosi il soggetto è incapace di comprendere gli stimoli della realtà, di valutare le situazioni, di rendersi conto della malattia. Lo psicotico è preso da fantasie irrazionali, allucinazioni, deliri, ed è incapace di comunicare con gli altri.

1. *Schizofrenia*: caratteristica fondamentale: dissociazione nella formazione delle idee, distruzione dell'unità dell'io e dell'immagine del corpo (percepito come frammentato-disgregato). Si distingue in tre forme:
    - *ebefrenica* (turbe del linguaggio, con giochi di parole, parole nuove e incomprensibili),
    - *paronoide* (manifestazioni deliranti a contenuto persecutorio),
    - *catatonica* (catalessia, mutismo, assenza di affettività...). L'origine della schizofrenia è sconosciuta. È la più difficile da guarire.
2. *Paranoia*: tratti dominanti: continuo sospetto, autoritarismo, intolleranza, falsità del giudizio. Le idee dipendono da una convinzione iniziale distorta, con cui si cerca di rimodellare tutta la realtà. Il delirio paranoico, pur non avendo alcun rapporto con la realtà, è logico, perché interpreta il reale in modo verosimile, per cui è condivisibile dall'ambiente, ed è vissuto in piena lucidità. I deliri sono di persecuzione, gelosia, megalomania...
3. *Psicosi maniaco-depressiva*: i momenti di eccitamento maniacale (euforia, facilità ideativa, logorrea, espansione affettiva, psicomotoria) si succedono ciclicamente a quelli di abbattimento depressivo (rallentamento ideativo e psicomotorio, autosvalutazione e sfiducia, senso di inadeguatezza, disperazione). Il malato può tentare il suicidio. Le forme depressive sono più frequenti di quelle maniacali. Le rappresentazioni della realtà sono assurde (deliri).

Psicosi infantile. La più frequente, in età evolutiva, è la schizofrenia. Il bambino tende a vivere in un mondo isolato, distaccato dalla realtà (percepita come minacciosa). È l'apatia. Egli è incapace di distinguere il tutto dalle parti, il costante dal mutevole, la realtà dalla fantasia, il vivente dall'inanimato... Può avere: manifestazioni di aggressività distruttiva, incoerenza di pensiero e di linguaggio (ad es. usa la terza persona invece della prima nella verbalizzazione, può usare un linguaggio apparentemente simile a quello adulto, con molte espressioni tecniche: bambini psicotici che non sanno leggere né scrivere riempiono quaderni con calcoli privi di senso), incoerenza di comportamento (rapporti affettivi inadeguati con persone e oggetti, che non devono mai presentarsi in modo diverso da quello abituale). Nelle fasi acute: prevalenza dei comportamenti autoerotici (succhiamento, masturbazione, canto solitario, dondolio...), incapacità a riconoscere il pericolo per sé e per gli altri, negazione totale della realtà...

Comportamento antisociale di adolescenti in gruppo

La sua origine sta nella difficoltà che gli adolescenti hanno d'identificarsi con gli adulti. Di qui la tendenza a isolarsi, anche in gruppo, e alla marginalità, con sviluppo di tendenze oppositive verso i valori, le norme, le abitudini degli adulti. Il gruppo diventa la difesa di un conflitto irrisolto, è una rassicurazione emotiva e anche l'occasione per sfogare la reattività anti-sociale. I comportamenti vanno da quelli puramente evasivi-ludici a quelli vandalico-aggressivi (sfruttando manifestazioni sportive, spettacoli...). Altri gruppi usano violenza e soprusi (furti, scippi, estorsioni...) verso altri gruppi o altri cittadini. Non si possono comunque esaminare le cause di questi comportamenti al di fuori del contesto socioculturale in cui si sviluppano.

Questi atteggiamenti collettivi servono a difendere l'identità deviante o addirittura criminale del gruppo (hanno un valore coesivo). Vengono esaltati come modello di vita. Tant'è che esiste nel gruppo una costante azione intimidatrice per evitare cedimenti-ripensamenti. Più il gruppo si chiude e più è forte l'omertà. Il gruppo rifiuta tutti i sentimenti cosiddetti di "debolezza": paura, pietà, rimorso; ostenta piuttosto la durezza-spregiudicatezza. Di qui il conformismo, che si esprime anche attraverso rituali, espressioni gergali, abbigliamenti comuni, abitudini.

L'ostracismo è netto verso che si allontana dal conformismo. In particolare il gruppo disprezza quelle attività sociali che dagli adulti vengono proposte come alternative alle attività devianti: lavoro, sport, cultura. Esso disprezza anche ordine-puntualità-educazione. Afferma inoltre che tutta la società è disonesta-ipocrita-corrotta. In effetti, spesso molti di questi comportamenti deviati sono causati, seppure non in maniera diretta, da disvalori presenti nella società degli adulti.

Tuttavia, esistono anche atteggiamenti altruistici nei confronti dei familiari o amici dei componenti della banda; un ragazzo può considerare la propria madre o sorella come modello di virtù; un altro può impedire al fratello minore di seguire la sua strada, ecc.

Anoressia e Bulimia

Oggi l'anoressia, in Italia, colpisce tra lo 0,5% e l'1% dei giovani tra i 14 e i 20 anni (il 95% dei quali sono ragazze). Invece la bulimia tra l'1% e il 3%.

Lo status socio-economico della famiglia d'appartenenza è medio-alto nell'87% dei casi.

L'inizio dell'anoressia avviene, in genere, tra i 12 e i 18 anni.

La bulimia invece può svilupparsi tra i 12 e i 35 anni.

Benché la maggior parte delle adolescenti possa attraversare degli "episodi anoressici", la malattia vera e propria colpisce ragazze che hanno un'età tra i 18 e i 25 anni (nubili / celibi oltre l'80%).

La mortalità delle anoressiche è molto alta: circa il 15% (per insufficienza cardiaca o renale o per le infezioni). I tentativi di suicidio superano l'8%.

L'anoressia è conosciuta a livello scientifico da tre secoli: il primo trattato medico è stato pubblicato a Londra nel 1694. Tuttavia, questa malattia esiste da secoli, e quasi sempre è stata vissuta come forma di protesta nei confronti dell'ambiente sociale.

Il primo Congresso multidisciplinare su queste malattie si è tenuto a Montecarlo (maggio 1993).

Come nasce. Di solito inizia con una dieta dimagrante senza controllo medico, oppure con una iniziale perdita di fame legata a un evento doloroso. Anche se il corpo è al di sotto del proprio peso ideale, la ragazza lo percepisce sempre "troppo grasso".

In questo atteggiamento la ragazza può essere influenzata da spot pubblicitari (dove, per essere accettati, bisogna avere un corpo esile, agile...). Oppure può essere influenzata dall'idea di volere un corpo sottile e asciutto come tante top model.

Normalmente vi sono problemi in famiglia: un padre estraneo alla vita della figlia, una madre possessiva, che induce nella figlia un forte senso di dipendenza (l'anoressica però rifiuta l'immagine del corpo materno).

La ragazza teme l'apparire di quei segni corporei che segnalano l'identità femminile (seno, curve, ciclo mestruale...): in tal senso si può dire che l'anoressia esprime anche la paura di diventare adulta. Di qui l'esigenza di farsi crescere i capelli (per coprirsi) o di portarli cortissimi (per sembrare un maschio).

Vi possono però essere molte altre motivazioni e piuttosto gravi: un lutto in famiglia o comunque una perdita affettiva o la mancanza di un genitore, un abuso sessuale o comunque un maltrattamento, una malattia grave o un aborto.

Come si sviluppa. Inizialmente la ragazza non rispetta più l'orario dei pasti, mangia poche cose a orari strani, spesso da sola.

La ragazza può anche imporsi un ritmo di vita frenetico (attività scolastiche, sportive, domestiche), pur di perdere sempre più peso.

Nel maschio la malattia può produrre allucinazione, delirio mistico e di onnipotenza, schizofrenia.

La malattia coinvolge, col passare del tempo, tutto l'organismo: calo di temperatura e pressione e della massa muscolare, pelle disidratata e tesa, colorito giallo, occhi cerchiati e arrossati, fragilità ossea, dentaria e delle unghie, perdita di capelli e di sali (p.es. calcio e potassio), amenorrea, alterazioni cardiache ecc.

La malattia viene accelerata non solo da drastiche diete, ma anche da vomito volontario, abuso di diuretici, di lassativi e di farmaci anoressizzanti.

La malattia diventa conclamata quando la ragazza perde più del 25% del proprio peso corporeo. Si può arrivare a pesare 28/30 kg, che è il limite della sopravvivenza.

Bulimia, variante dell'anoressia. È frequente che l'anoressica alterni lunghi digiuni a grandi abbuffate, dalle quali però si libera vomitando tutto, oppure prendendo ingenti quantità di lassativi e diuretici.

Bulimia significa mangiare senza fame, senza uno scopo preciso: l'unica motivazione è quella di placare uno stato di ansia (come il latte calma il neonato).

Il bulimico vive la sua condizione con un senso di colpa. Infatti quando è in compagnia non cade mai in questi eccessi. Il suo aspetto fisico è normale, o comunque non così magro come nell'anoressica.

Il bulimico ha un'immagine fortemente negativa di sé. Non prende mai delle decisioni. Ancor più dell'anoressica, non ammette la propria malattia.

La crisi possono avere una frequenza media di due a settimana, per un periodo che va dai tre mesi in poi.

Spesso la bulimia è la diretta conseguenza di una drastica dieta (al pari di una crisi di astinenza da droghe pesanti).

Quali spiegazioni. L'anoressia è il rifiuto di un modello di società, dove i rapporti umani vengono percepiti come innaturali. Infatti l'anoressica preferisce al rapporto con i coetanei la propria fantasia, che viaggia verso mete irrealizzabili (p.es. le può accadere di essere innamorata di un ragazzo inesistente).

La ragazza avverte un bisogno forte di affermare la propria personalità, ma lo fa in maniera negativa, autodistruggendosi. Rifiuta il cibo per dimostrare di poter fare a meno di tutto (incluso l'affetto).

Anoressica e bulimico sono incapaci di sopportare gravi emozioni o pesanti frustrazioni.

All'origine di queste malattie vi è la necessità di comunicare in modo diverso, senza le parole, cioè digiunando o mangiando.

Controllare il proprio corpo significa, per questi malati, controllare le loro ansie, l'ambiente che li circonda, di cui hanno paura. Ma si tratta di un'illusione (al pari della droga).

Cosa fare. Un genitore non dovrebbe sottolineare troppo spesso l'importanza della linea, per non rischiare d'indurre la figlia a ricorrere a drastiche diete.

Occorre verificare se dietro le troppe ore passate in palestra non vi sia l'ansia di diventare molto magri.

Se una ragazza sale sulla bilancia più volte in un giorno, è probabile che il meccanismo ossessivo del controllo sia scattato.

Ritenere un importante campanello d'allarme il fatto che la ragazza consideri le sue gambe troppo grasse.

Il rifiuto sistematico di alcuni alimenti e le bugie su quanto si mangia sono segnali da non sottovalutare.

Occorre osservare se la ragazza passa ore davanti allo specchio senza trovare un abito che le piaccia (solo perché disprezza il suo corpo).

Possono apparire preoccupanti anche lo studio eccessivo e la tendenza a impegnarsi in mille attività intellettuali. L'anoressica non è mai rilassata.

Analizzare gli atteggiamenti provocatori che la ragazza assume: il rifiuto del cibo può diventare una forma di protesta contro una dipendenza (avvertita come eccessiva) nei confronti dei familiari.

Orientamento e selezione professionale

L'orientamento e la selezione professionale costituiscono l'argomento centrale della psicologia applicata al lavoro: l'uno studia le inclinazioni e le attitudini relativamente alla vocazione professionale dell'individuo e consiglia la strada da seguire; l'altra seleziona tra gli aspiranti ad un'attività lavorativa i soggetti che danno un maggiore affidamento.

L'attuazione pratica dell'orientamento e della selezione è inquadrabile in quattro punti essenziali:

1. valutare le attitudini psico-fisiche individuali in modo da ricondurre il soggetto nella esatta prospettiva delle proprie concrete possibilità: le capacità di un individuo non sono altro, in tal senso, che la somma delle sue attitudini e dell'esercizio;

2. scoprire in anticipo se esiste una reale corrispondenza tra le inclinazioni del soggetto preso in esame e le sue capacità obiettivamente accertate: in pratica la vocazione professionale non è che la somma dell'inclinazione e delle capacità;

3. illustrare al soggetto le varie attività lavorative nelle loro caratteristiche principali (monografia di ciascuna professione-tipo);

4. accertare le richieste attitudinali per l'esercizio di una determinata professione, in modo da mettere, mediante un processo di selezione, la persona adatta al posto adatto (profilo professionale di lavoratore-tipo).

A) Le inclinazioni

Sono manifestazioni (o tendenze) originarie (cioè istintive, affettive) dello psichismo inconscio, della cui natura l'individuo non ha piena consapevolezza, che portano a reagire in un dato modo di fronte a un determinato fenomeno (ad es. uno stesso avvenimento per un soggetto è fonte di pessimismo, per un altro di ottimismo).

Le inclinazioni possono essere modificate? Relativamente. Ad es. una persona introversa non è certo adatta a un lavoro di pubbliche relazioni, ma se accetta questo lavoro proprio allo scopo di modificare il suo carattere (cioè con una motivazione consapevole), è probabile che l'introversione venga superata.

B) Le attitudini

Hanno un significato essenzialmente pratico (ad es. un individuo può avere una certa inclinazione all'introspezione psicologica, senza per questo avere l'attitudine per insegnare psicologia). Come si acquisiscono? Generalmente sono spontanee, cioè innate, precoci (ad es. l'alunno dotato di spiccata attitudine per la matematica si rivela sin dai primi giorni di scuola), durevoli (ad es. ci sono attitudini che restano in latenza fino al momento in cui non si presentano le possibilità pratiche di esprimerle, ma ci sono anche attitudini che si perdono se non vengono coltivate). Alcune sono ereditarie (si pensi ad es. alle lunghe discendenze di artisti o scienziati nelle generazioni di una famiglia). Ci sono attitudini che si influenzano a vicenda, che si modificano secondo l'ambiente o l'educazione, che si acquisiscono coll'esercizio.

- Le attitudini prevalentemente *fisiche* sono: resistenza fisica, prontezza di reazione, coordinazione dei movimenti, velocità, precisione, forza muscolare, funzionalità degli organi sensoriali...
- Le attitudini prevalentemente *psichiche* sono: attenzione, memoria, percezione, apprendimento, immaginazione, logica, intuito, praticità, analisi, sintesi...

A + B) **L'interesse personale**

È un fenomeno psichico che parte dalla vita interiore, dalle esperienze che si fanno e che si orienta verso un'attività esterna prevalente: esso ha quindi bisogno di inclinazione soggettiva e di attitudine oggettiva. Non sempre un interesse personale comporta la presenza reale delle corrispettive attitudini (ad es. non basta amare la poesia per diventare poeti). In genere è l'esperienza concreta che rivela se il soggetto possiede le attitudini richieste ed è quindi in grado di seguire proficuamente la propria strada.

C) **Monografia della professione-tipo**

Una monografia efficiente deve riassumere le principali caratteristiche di una professione-tipo, con particolare riguardo all'aspetto tecnico-fisiologico-psichico, senza dimenticare il grado di responsabilità, di sicurezza personale, di stabilità per il futuro, la prospettiva di carriera e di guadagno, infine il tempo che l'occupazione lascia libero per eventuali esigenze culturali, artistiche, sportive, ricreative, ecc.

D) **Profilo professionale del lavoratore-tipo**

Un profilo esauriente deve schematizzare i tratti psico-fisici salienti del lavoratore-tipo, utili a esercitare con profitto un determinato lavoro: livello d'intelligenza, indice di robustezza, maturità psico-sensoriale e psico-motoria, capacità mnemonica e volitiva, forza di carattere, temperamento...

Ad ogni monografia della professione-tipo deve corrispondere un relativo profilo professionale. Questo compito oggi è diventato molto urgente a causa della grande diversificazione-specializzazione-qualificazione dei lavori.

Il pre-orientamento scolastico

Verso i 14 anni le inclinazioni e le attitudini cominciano a profilarsi con una certa ricchezza di dettagli. Purtroppo la scuola si preoccupa più dei programmi ministeriali e delle differenze di rendimento individuale che non dell'affronto psicologico dell'età evolutiva.

La valutazione delle capacità psico-attitudinali di uno studente non può esaurirsi con le tradizionali verifiche (interrogazione orale, testo scritto, problema, disegno, attività ginnico-espressive, ecc.). Occorre anche la collaborazione di specialisti come lo psicologo, il sociologo, lo psicopedagogista, ecc. Occorre inoltre che il giovane possa non solo fruire di una conoscenza, attraverso opuscoli illustrativi, della vasta gamma di lavori offerti dalla società, ma anche verificare personalmente, con stages periodici di pre-formazione, il tipo di attività che desidera intraprendere. La conoscenza diretta del futuro lavoro, mediante visite guidate ad officine, industrie, cantieri, aziende, uffici..., la visione di documentari cinematografici, l'uso di test psico-attitudinali, gli stages (anche all'estero)...: tutto ciò e altro ancora può contribuire certamente ad una scelta professionale motivata e non superficiale.

La psicologia ha da tempo dimostrato che lo scarso rendimento spesso va addebitato, più che a carenze intellettuali o comportamentali, ad attività o a studi in netto contrasto coi veri interessi della personalità. Occorre dunque che la scuola, aiutata da Centri di orientamento professionale e da esperti esterni all'ambito scolastico, sappia indirizzare il giovane verso l'occupazione più adeguata, sulla base delle necessità oggettive espresse dall'intera società (cioè le richieste reali del mercato del lavoro). Ciò eviterà senz'altro perdite di tempo, sprechi di energia, inutili frustrazioni, ecc. Non sono rari i casi in cui in lavori generici si trovano individui d'intelligenza elevata (che usano al minimo necessario) o casi in cui le difficoltà o l'insuccesso in professioni di prestigio derivano da un relativo deficit d'intelligenza. La psicotecnica è appunto quella scienza che analizza sia i fattori soggettivi che condizionano una migliore distribuzione degli individui nelle varie attività, sia i fattori oggettivi che regolano una più adeguata ripartizione dei compiti.

Chi ha sbagliato strada spesso si trova nell'impossibilità di tornare al punto di partenza. A volte si può raggiungere un certo adattamento grazie alla propria forza di carattere o alla propria intelligenza (con la quale si trovano i lati positivi anche in condizioni molto negative), ma se il lavoratore non si sente soddisfatto in quello che fa, inevitabilmente cercherà in altre attività, durante il tempo libero, la compensazione che gli manca.

La scelta di una professione adeguata non riguarda ovviamente i ragazzi superdotati, che in genere sanno affermarsi anche nelle condizioni più sfavorevoli, ma i ragazzi comuni, il cui problema è appunto quello di valorizzare al massimo le possibilità normali a loro disposizione. Orientare professionalmente, in questo senso, significa aiutare l'adolescente a conoscere meglio se stesso e, allo stesso tempo, familiarizzarlo con le molteplici vie professionali della società (ad es. il giovane deve essere messo in grado di capire che può lavorare con successo in molti campi affini e che l'eventuale "fallimento" o "delusione" in una determinata attività non pregiudica di per sé una futura realizzazione).

Ciò che si dovrebbe evitare, nella scelta di una professione, è l'affidarsi ai desideri più svariati, alle semplici imitazioni delle professioni altrui, agli influssi di letture, alle suggestioni di spettacoli teatrali, cinematografici, televisivi, alle prime offerte di lavoro, alle attività familiari, alle possibilità di ottenere (in un determinato campo) decisivi appoggi... È quanto mai diseducativo orientare il giovane verso quella professione che può soddisfare in poco tempo il desiderio di prestigio o di facile guadagno. È altresì negativa la collaborazione di quei genitori che decidono arbitrariamente il futuro dei figli, credendo in buona fede di provvedere al loro benessere: i figli non possono surrogare le insoddisfazioni professionali dei genitori. Il discorso ovviamente si fa molto complesso e chiama in causa i modelli culturali e sociali cui la società civile, nel suo insieme, fa riferimento (in questo senso è assurdo pretendere dalla scuola un orientamento "etico" alla professione quando neppure la società lo richiede).

Appendice

Modalità di applicazione del sociogramma

Il sociogramma può essere fatto per due motivi fondamentali: *conoscitivo* e *costruttivo*. Il primo serve al docente per conoscere gli studenti; il secondo serve agli studenti per migliorare i loro rapporti.

Si possono fare quanti sociogramma si vuole, in qualunque momento dell'anno e su qualunque domanda.

La condizione assoluta da rispettare è che il risultato finale deve essere conosciuto solo al diretto interessato e non a tutta la classe. Questo significa che il docente avrà cura di restituire il foglio solo allo studente che l'ha compilato per la parte che lo riguarda, nel senso che lo studente dovrà sapere soltanto chi l'ha cercato.

Le domande possono essere scelte dal docente o concordate con la classe.

Le domande devono essere tre (ognuna di esse deve avere un numero: 1, 2, 3). Lo studente deve rispondere ad almeno due (preferibilmente a tutte e tre). Le preferenze (di persona) *per ogni domanda* possono essere al massimo due (p.es. 11, oppure 22, oppure 33, cioè, stando all'esempio riportato più avanti: BAR ha scelto CON sulle domande n. 1 e 2, ha scelto FIS sulla n. 2 e LUG sulla n.3; in tutto ha dato quattro preferenze); quindi al massimo si possono scegliere *sei compagni* (11, 22, 33). Si possono dare preferenze alle stesse persone su tutte le domande (come ha fatto MAN nei confronti di DEF e FIS). Ogni preferenza (1, 2, 3) va messa in una casella; se per due o tre domande la preferenza cade sempre sulla stessa persona, si userà sempre quella casella (quindi in una casella al massimo possono esserci tre numeri: 123).

Ogni studente ha una propria riga orizzontale, contrassegnata da un numero progressivo, e si deve attenere a quella, avendo cura di non sbagliare riga. È bene far mettere accanto al numero le prime tre lettere del cognome di ogni studente (attenzione alle omonimie).

Ad ogni numero della riga orizzontale corrisponde il numero della colonna verticale. La diagonale impedirà allo studente di dare una preferenza a se stesso.

Poiché il sociogramma serve per costruire dei rapporti nuovi, è bene che il docente inviti gli studenti a non mettere le preferenze per i compagni di classe con cui già hanno buoni rapporti. Ovviamente se uno non può farne a meno... Qui in fondo si tratta di rischiare..., cioè di cercare nuove amicizie senza però trovarle.

Il docente deve costruirsi un proprio sociogramma complessivo dei risultati dell'intera classe e avrà cura di conservarlo gelosamente, senza farlo vedere a nessuno. Al massimo potrà discuterne con propri "sensibili" colleghi, avvezzi alle questioni psico-pedagogiche, ovvero interessati alla psicologia adolescenziale e possibilmente esperti in dinamiche di gruppo-classe. Il docente infatti si renderà facilmente conto di quali studenti sono al centro dell'attenzione della classe e di quali invece non lo sono. Ma avrà cura di dire alla classe che non vuole utilizzare il test per uno scopo di controllo.

Il sociogramma deve essere compilato in classe (massimo un'ora) e non può essere portato a casa. È bene farlo quando tutti gli studenti della classe sono presenti.

Come vanno letti i risultati? Poiché risulterà inevitabile che medesimi studenti si cerchino su medesime domande oppure che alcuni studenti cerchino altri su talune domande e questi cerchino quelli su domande diverse, è bene che questi incroci vengano conosciuti dai diretti interessati.

E così, mentre in classe lo studente dovrà compilare il sociogramma restando sulla propria riga orizzontale; quando riceverà il foglio con gli incastri evidenziati dal docente, dovrà invece leggerlo sulla base della propria colonna verticale: lì infatti ci saranno tutti i numeri relativi alle domande degli altri studenti che lo hanno cercato.

Le cose che uno studente deve sapere sono in sostanza queste:

1. **totale reciproca**: due studenti si sono cercati sulle stesse domande (p.es. BAR ha cercato CON sulle domande n. 1 e 2 e l'ha trovato, perché è stato cercato sulle stesse domande). I due numeri uguali (e corrispondenti) possono essere evidenziati con un cerchietto e una linea che li unisce.

2. **parziale reciproca**: due studenti si sono cercati su domande diverse (p.es. BAR cerca FIS sulla domanda n. 2, FIS invece lo cerca sulla n. 1). In questo caso i due numeri vanno evidenziati con un triangolino.

Ovviamente la cosa che più incuriosisce uno studente, poiché rappresenta il più delle volte una sorpresa inaspettata e spesso piacevole, sarà il poter vedere **quante persone, da lui non cercate, lo hanno cercato.**

Le altre quattro cose che lo studente noterà in fondo alla scheda (righe A, B, C, D) sono queste:

1. Numero delle **persone cercate**: qui basta mettere un rapporto del tipo 2 su 6 oppure 4 su 6 (vedi voce "A").

2. Numero delle **persone trovate** (tra quelle ovviamente cercate):

qui potrà essere 1 su 2 oppure 3 su 4 (vedi voce "B").

3. **Espansione affettiva**: non è che la somma delle preferenze che uno studente riesce ad ottenere, sulla base della sua colonna (basta sommare il numero di volte che appaiono i numeri della sua colonna).

4. Per determinare lo **status sociometrico** occorre che il docente fissi una scala con le relative percentuali, e la cosa non è semplice, poiché una classe di 20 studenti può comportare risultati molto diversi rispetto a una di 30 (che sicuramente è più dispersiva). Questo quindi è solo un esempio:

0   4%   = bassa
5   9%   = medio-bassa
10 16%   = media
17 27%   = medio-alta
28 35%   = alta
+ 35%   = molto alta

Ogni docente può regolarsi come meglio crede.

Ci sono vari modi per misurare lo status sociometrico. Il più semplice è questo: prendiamo una classe di 20 studenti; lo studente BAR (tanto per stare all'esempio suddetto) può ricevere da ogni altro studente fino a un massimo di tre preferenze (123); ora poiché ci sono 19 studenti (BAR infatti non può scegliere se stesso), si ha che lo studente BAR al massimo potrebbe ricevere 57 preferenze (cioè 19 x 3). Per trovare lo status sociometrico basta dividere il numero di preferenze ricevute (nel caso di BAR 6) per il totale delle preferenze che avrebbe potuto ricevere (quindi le teoriche 57), mettendo il tutto sotto percentuale.

Nello schema in basso gli studenti in tutto sono sette, quindi il numero-chiave è 18 (6 x 3). Prendiamo l'esempio di BAR: 6:18=%=33,3 (è in una posizione alta).

Vi sono però difficoltà in questo calcolo. Prendiamo gli esempi di DEF e FIS; entrambi hanno 9 come espansione affettiva, però FIS trova 6 persone su 6, mentre DEF 4 su 5. Il loro status sarà identico, però la differenza si vede. Esempi come questi capitano spesso.

Naturalmente esiste anche la possibilità di fare uno o più grafici dei risultati ottenuti. Se si prendono i numeri interi dell'espansione affettiva apparirà una parabola, che non potrà essere sovrapponibile a un'altra classe. Se si prendono le percentuali dello status apparirà un grafico a istogrammi, e questo invece potrà essere confrontato con altre classi. Ma è possibile anche fare una torta (con cerchi concentrici), mettendo al centro i ragazzi più cercati e in periferia quelli meno.

Ecco quindi, a titolo esemplificativo, un sociogramma ipotetico con sette ragazzi, i cui nomi (con le prime tre lettere) appaiono in orizzontale e verticale. Le domande possono essere le seguenti:

1. Con chi ti piacerebbe studiare a casa tua?
2. Chi vorresti avere come compagno di banco?
3. Con chi vorresti passare le vacanze estive?

Anche grazie a una rappresentazione grafica della tabella (non indispensabile) si devono evidenziare subito:

1. le coppie corrispondenti (io cerco te-tu cerchi me);
2. i ragazzi più cercati;
3. i ragazzi non cercati;
4. i ragazzi che cercano senza trovare.

Legenda del sociogramma:

A = n. persone cercate; B = n. persone trovate; C = espansione affettiva;
D = status sociometrico

		1 BAR	2 CON	3 DEF	4 FIS	5 GAL	6 LUG	7 MAN
1 BAR			12		2		3	
2 CON		123		12	3			
3 DEF		3	3		1	1	2	
4 FIS		1	1	2		2	3	3
5 GAL			2	13	2		3	
6 LUG		1	1	2	23			
7 MAN				123	123			
	A	3/6	3/6	5/6	6/6	4/6	4/6	2/6
	B	3/3	3/3	4/5	6/6	2/4	3/4	1/2
	C	6	6	9	9	2	4	1
	D	33,3	33,3	50	50	11,1	22,2	5,5

Conclusione

La Psicopedagogia dovrebbe far parte del bagaglio culturale e comportamentale di ogni docente. Non è possibile insegnare qualcosa a dei giovani che si trovano in una fase decisamente evolutiva della loro vita.

Certo, siamo tutti costantemente in evoluzione, ma loro lo sono in modo particolare, in quanto tendono a ingigantire i problemi o a minimizzarli: questo perché non hanno esperienza. Hanno bisogno di certezze e noi dobbiamo far capire loro, col massimo della psicopedagogia, che è sbagliato pretenderle e che non è, avendole, che si diventa maturi.

Lo si diventa quando ci si mantiene costantemente alla ricerca del meglio possibile, per sé e per gli altri, anzi più per gli altri che per sé, perché quando gli altri stanno bene, grazie ai nostri sforzi, anche noi stiamo bene. "Benessere" infatti significa sentirsi soddisfatti d'aver compiuto il bene che ci sentivamo di compiere, senza pensare al contraccambio.

Bibliografia su Amazon

Attualità:
La resa (marzo-giugno 2023)
La linea rossa (dicembre 2022-marzo 2023)
Multipolare 2022 (luglio-dicembre 2022)
La guerra totale (maggio-giugno 2022)
Il signore del gas (aprile-maggio 2022)
La truffa ucraina (gennaio-marzo 2022)
Diario di Facebook (2017-2020)
Diario di Facebook (gen-mar 2021)
Diario di Facebook (apr-dic 2021)

Memorie:
Sopravvissuto. Memorie di un ex
Grido ad Manghinot. Politica e Turismo a Riccione (1859-1967)

Storia:
L'impero romano. I. Dalla monarchia alla repubblica
L'impero romano: II. Dalla repubblica al principato
Homo primitivus. Le ultime tracce di socialismo
Cristianesimo medievale
Dal feudalesimo all'umanesimo. Quadro storico-culturale di una transizione
Protagonisti dell'Umanesimo e del Rinascimento
Storia dell'Inghilterra. Dai Normanni alla rivoluzione inglese
Scoperta e conquista dell'America
Storia della Spagna
Il potere dei senzadio. Rivoluzione francese e questione religiosa
Cenni di storiografia
Herbis non verbis. Introduzione alla fitoterapia

Arte:
Arte da amare
La svolta di Giotto. La nascita borghese dell'arte moderna

Letteratura-Linguaggi:
Letterati italiani
Letterati stranieri
Pagine di letteratura
Pazìnzia e distèin in Walter Galli
Dante laico e cattolico
Grammatica e Scrittura. Dalle astrazioni dei manuali scolastici alla scrittura creativa
Contro Ulisse

Poesie:

Nato vecchio; La fine; Prof e Stud; Natura; Poesie in strada; Esistenza in vita; Un amore sognato

Filosofia:

La filosofia ingenua

Laicismo medievale

Ideologia della chiesa latina

l'impossibile Nietzsche

Da Cartesio a Rousseau

Rousseau e l'arcantropia

Il Trattato di Wittgenstein

Preve disincantato

Critica laica

Le ragioni della laicità

Che cos'è la coscienza? Pagine di diario

Che cos'è la verità? Pagine di diario

Scienza e Natura. Per un'apologia della materia

Spazio e Tempo: nei filosofi e nella vita quotidiana

La scienza nel Seicento

Linguaggio e comunicazione

Interviste e Dialoghi

Antropologia:

La scienza del colonialismo. Critica dell'antropologia culturale

Ribaltare i miti: miti e fiabe destrutturati

Economia:

Esegeti di Marx

Maledetto capitale

Marx economista

Il meglio di Marx

Etica ed economia. Per una teoria dell'umanesimo laico

Le teorie economiche di Giuseppe Mazzini

Politica:

Lenin e la guerra imperialista

L'idealista Gorbaciov. Le forme del socialismo democratico

Il grande Lenin

Cinico Engels. Oltre l'Anti-Dühring

L'aquila Rosa. Critica della Luxemburg

Società ecologica e democrazia diretta

Stato di diritto e ideologia della violenza

Democrazia socialista e terzomondiale

La dittatura della democrazia. Come uscire dal sistema

Dialogo a distanza sui massimi sistemi

Diritto:

Siae contro Homolaicus

Diritto laico

Psicologia:

Psicologia generale

La colpa originaria. Analisi della caduta

In principio era il due

Sesso e amore

Didattica:

Per una riforma della scuola

Zetesis. Dalle conoscenze e abilità alle competenze nella didattica della storia

Ateismo:

Cristo in Facebook

Diario su Cristo

Studi laici sull'Antico Testamento

L'Apocalisse di Giovanni

Johannes. Il discepolo anonimo, prediletto e tradito

Pescatori di uomini. Le mistificazioni nel vangelo di Marco

Contro Luca. Moralismo e opportunismo nel terzo vangelo

Metodologia dell'esegesi laica. Per una quarta ricerca

Protagonisti dell'esegesi laica. Per una quarta ricerca

Ombra delle cose future. Esegesi laica delle lettere paoline

Umano e Politico. Biografia demistificata del Cristo

Le diatribe del Cristo. Veri e falsi problemi nei vangeli

Ateo e sovversivo. I lati oscuri della mistificazione cristologica

Risorto o Scomparso? Dal giudizio di fatto a quello di valore

Cristianesimo primitivo. Dalle origini alla svolta costantiniana

Guarigioni e Parabole: fatti improbabili e parole ambigue

Gli apostoli traditori. Sviluppi del Cristo impolitico

Indice